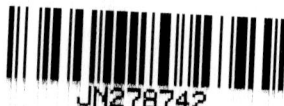

自家製酵母のおいしいパン

はじめに

ニューヨークを子連れで訪れ、アパートを借りてしばらく滞在したことがあります。途中で生活費が心もとなくなると、市内で開催されるグリーンマーケットに出かけては、試食のパンをつまんだりしていました。そこは健康志向の強い人が集まる市場で、オーガニックの食材だけを扱っていました。そこで自家製酵母で作ったパンを何度か食べているうちに、そのおいしさに惹かれるようになりました。これが、私と自家製酵母パンの出会いです。

その後、自分で自家製酵母を起こすようになったのは、ある偶然がきっかけでした。キッチンの片隅にうっかり数日置き忘れたヨーグルトから泡がプクリ、プクリと出てくるのをみつけ、「ひょっとして酵母かしら！」とひらめいたのです。試しに粉と混ぜて、時間をかけて発酵を繰り返し、パンを焼いてみました。見た目はともかく、かみしめるほどに味が出てきておいしい！　それ以来、いつも自家製酵母のある暮らしが続いています。

春のフレッシュないちご、夏の完熟トマト、秋のりんごに冬の甘酒……。四季折々、季節の材料から酵母を育てる楽しみは尽きることがありません。起こした酵母を使ってオリジナルのパンを焼く楽しみも、無限に広がります。

日本ではまだ、家庭でパンを作るようになって30年くらいしかたっていません。世界中を旅してきましたが、パンを食べる長い歴史・文化を持つ国を訪れると、考えさせられることばかりでした。現地で学んだ様々なパンを、日本の風土や日本人の好みに合うようにアレンジして、これまでいくつものレシピを考えてきました。酸味がなくて、適度にかみごたえのある私好みのパンをご紹介します。ぜひ試してみてください。

CONTENTS

12 recipe

自家製酵母を起こし、

Step1 液種作り

果物などで酵母を起こして液種を作る。(►p.6～9)

1 ガラス瓶に材料を入れ、水を注ぐ。

2 毎日スプーンでかき混ぜるか、瓶を振ってふたを開ける。味見をし、酵母の様子を確認する。

3 十分発酵したら液種のでき上がり。ここまで約5日（日数は季節や材料によって異なる）。

Step2 元種作り

液種と地粉、塩を混ぜ合わせ、
液種よりも発酵力が強い元種を作る。(►p.10～13)

4 液種と地粉、塩をよく混ぜ合わせる。

5 1日1回、水、地粉、塩を足してかき混ぜ、発酵を促す。

6 3日後、十分発酵した元種ができ上がる。

＊「地粉」とは……p.19参照

パンが焼き上がるまで

Step3 パン作り

元種と地粉をベースに生地を作り、
発酵させたあと、成形して焼く。 （►p.14〜17）

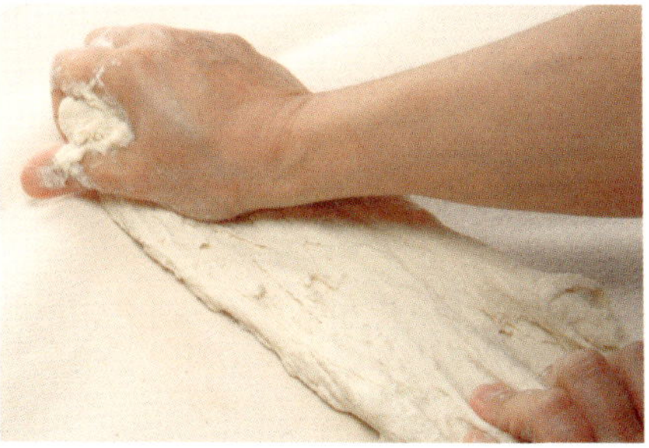

7
生地をこねる

8
一次発酵

9
分割・ベンチタイム

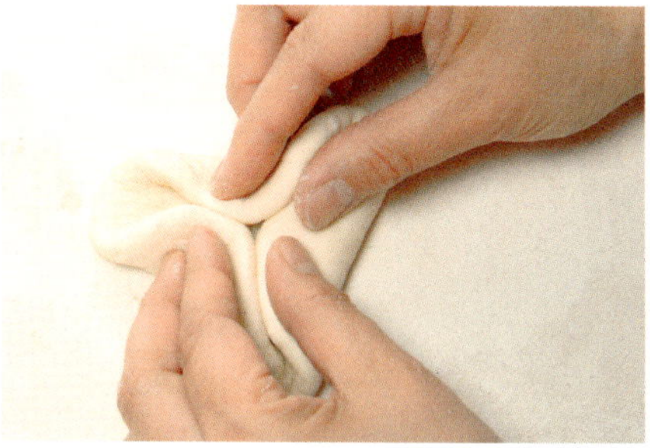

10
成形

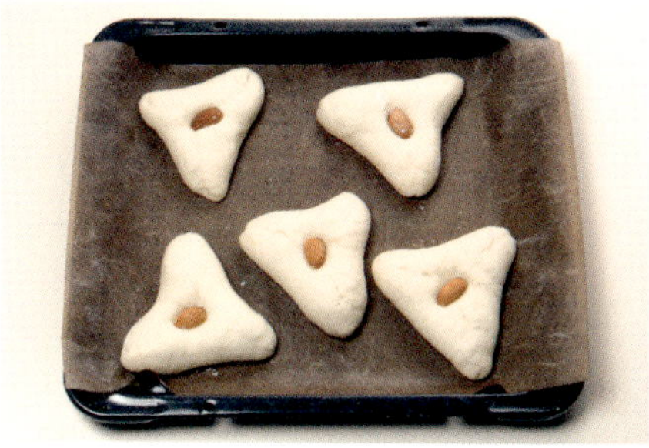

11
二次発酵

12
仕上げ・焼成（しょうせい）

Step1 液《えき》種《だね》作り

果物や野菜、ヨーグルトなど、いろいろなものから酵母は起きます。ここでは、りんごを使った液種作りをご紹介します。どんな材料の場合も、これが基本となります。

酵母を起こして
液種を作る

day 1 仕込み

● 用意するもの

りんご………皮ごと使うので、なるべく無農薬のもの、新鮮なものを使う。個数は１～２個、大きさによる。

ガラス瓶……しっかり密閉できるパッキン付きがおすすめ。容量の目安は500～1000ml。

水……………浄水器を通した水道水がよい。

● 仕込み

1　ガラス瓶とふたをよく洗い、熱湯消毒し、乾燥させておく。

パッキンや金具も取り外し、しっかり洗う。

2　りんごは洗わず、皮ごとざく切りにする。(写真a)

汚れなどの心配があれば軽く洗う。

3　瓶の1/3から1/2程度りんごを詰める。(写真b)

りんごを食べたときむいた皮や芯を入れてもよい。

4　瓶の８～９割程度まで水を注ぎ、しっかりふたを閉める。25℃前後の環境温度（p.８参照）に置いておく。(写真c)

a

がくの部分だけ少し削り取り、残りはざく切りに。

b

熱湯消毒した瓶にりんごを詰める。多めになってもいい。

c

瓶の８～９割程度まで水を注ぐ。

day2 空気を入れる

2日目。りんごの表面にプツプツと小さい泡が出てくる。

Q　りんごはどんなものでもいい？

自家製酵母は、自然界に広く分布している野生種の酵母を培養するものです。野菜や果物、ハーブや花の表面に、酵母はついています。りんごを洗わずに使うのは、皮についた酵母を落とさないためですし、洗わず使うから無農薬のものが最適です。もし無農薬のものが手に入らなかった場合でも、酵母は起こすことができますし、気になる場合は皮をむいた果肉と芯でも大丈夫。また、旬の時期だったり、とりたてだったりして元気のいい素材を使うと、酵母も早く起きます。

d

瓶のふたを開け、清潔なスプーンでかき混ぜる。

もしくは…

e

ふたをしたまま瓶を振り、しばらくしてからふたを開ける。

瓶を振ったときはすぐに開けると泡がふきこぼれてしまうので注意。

day 3 → 4 空気を入れる

毎日、瓶を振るか清潔なスプーンでかき混ぜるかして、最低１回は瓶のふたを開けて空気を入れる。少し味見をして変化を確かめる。

３日目→４日目。りんごの表面に出てくる泡がさらに増え、水も少し濁ってくる。

発酵の進みが遅いときや、完成後の酵母をまた活動させたいときは、砂糖（きび砂糖など）小さじ１を加えて様子をみる。

Q　酵母が発酵する適度な環境温度を保つには？

発泡スチロール箱があると便利です。酵母は30℃以上で24時間密閉状態にあると死んでしまいますし、低温では発酵しませんから、夏場は保冷剤を入れ、冬場は湯を入れたコップを一緒に入れた発泡スチロール箱の中で、25℃前後の環境温度を保ちます。発泡スチロール箱は環境温度を一定に保ちやすいので、元種やパン生地の発酵にも活用できます。

day5　液種のでき上がり

しっかり酵母が起きたら、室温ではなく冷蔵庫で保存する。

完成の目安

☆ 十分発酵が進むと、ふたを開けるときに「ポン」と音がする。

☆ ふたを開けるとサイダーのような泡がシュワーッと出てくる。

☆ 液の色がりんごジュースのようになる。

☆ ほんのりアルコールの香り、味がする。

瓶を置いておいた場所の温度、材料となったりんごの状態、季節によっては、５日たっても発酵が進まず完成しないこともある。嫌なにおいがしなければ、砂糖（きび砂糖など）やざく切りのりんご少量を追加し、引き続き毎日空気を入れて様子をみる。

After day5

そのまま室温（25℃前後）に置いておくと、発酵が進みすぎてすっぱいパンができてしまうので、瓶ごと冷蔵庫で保存する。利用した分、水と材料を足してつなぐことができる。余ったら、本書（p.113～126）で紹介しているような、炊き込みご飯やピラフ、ピクルスなど酵母クッキングに活用を。

中のりんごは、取り出しても入れたままでもよい。

取り出した場合は、刻んで甘く煮てりんごチップにしたり、パウンドケーキの材料に使ったりすることができる。

失敗したら、チェックしてみよう！

□瓶はしっかり熱湯消毒しましたか？
ふたやパッキンも消毒してから使いましょう。

□瓶の大きさと水、りんごの量は適切でしたか？
りんごは瓶の1/2～1/3程度詰め、水は８～９割まで入れます。

□りんごは古くなかったですか？
新しい、できるだけ無農薬のものを使いましょう。

□毎日ふたを開けましたか？
液種作りをしているときは、瓶をよく振る、またはスプーンでかき混ぜることを日課にしましょう。

□かき混ぜたスプーンは清潔なものでしたか？
なめて味見をした後にまた入れてはいけません。

□長時間ふたを開けっ放しにしていませんでしたか？
空気を入れるとき以外は瓶は密閉しておきます。

□温度の低い屋外に出しっ放しにしたり、高温の部屋に置きっ放しにしていませんか？
留守中の部屋の温度は、思いのほか上がることもあります。25℃前後をキープしましょう。
はじめから冷蔵庫に入れてもダメです。

□アルカリイオン水を使っていませんか？
なぜか理由はわかりませんが、試してみても酵母は起きません。浄水器を通した水道水を使いましょう。

Step2 元《もと》種《だね》作り

液種に粉と塩を加えて、
発酵力の強い元種を作る

パンを作るときには、液種ではなく元種を使います。元種も、毎日ふたを開けて液種と粉を混ぜるという世話をすることが大切。3日後に完成します。

仕込み日 day1

基本の分量

液種	100g
地粉	100g
塩	ひとつまみ

液種と地粉は同量に。液種が200gなら地粉も200gです。ただし、使う粉の種類によっては液種が固くならない場合もあります。その場合は、地粉を1割くらい多く使ってみましょう。

※この本では粉の重量に対して水分量（水や酵母液）を決めているため、レシピではccではなくgで分量を表記しています。

密閉できるパッキン付きの大きめの瓶に液種、地粉、塩を入れ、清潔なスプーンでよく混ぜ合わせる。1日に2～3回混ぜるとよい。

混ぜた直後は弾力性が強い。

しっかりふたをして、25℃前後で保存する。

春・秋・冬……常温で発酵させてもよい。

夏……保冷剤を入れた発泡スチロール箱の中で保存し、元種が高温にならないよう気をつける。

仕込み翌日 day2

基本の分量

水または液種　50〜100g

地粉　50〜100g

塩　ひとつまみ

加える水分と粉の量は同量に。液種を使うと、より香りのよいパンができる。

1日たつとなめらかになり、盛り上がってくる。

24時間たった元種に水または液種、地粉、塩を加え、清潔なスプーンでよく混ぜ合わせる。1日に2〜3回混ぜるとよい。

Q　気がつくと瓶のふたが開き、元種が飛び散っていました……

丸1日以上、世話をせず放っておいたのではないですか？酵母はふだん呼吸をしていますが、酸素の少ない環境では糖を分解して必死にエネルギーを作り出します。これが発酵です。このときアルコールと二酸化炭素が発生するのですが、ガスがたまりすぎて瓶のふたが開いてしまったのでしょう。1日に1回はふたを開けてガスを抜いてあげてください。瓶は、きちんと閉まり、開けるのも簡単なパッキン付きのものがおすすめです。

仕込み翌々日 day3

基本の分量

水または液種　50～100g

地粉　50～100g

塩　ひとつまみ

塩は、雑菌の繁殖を抑えるために加える。

生地は元気に盛り上がり、大きい泡が出てくる。発酵のピーク。

仕込みから２日たった元種に、水または液種、地粉、塩を加え、清潔なスプーンでよく混ぜ合わせる。１日に２～３回混ぜるとよい。

Q　元種が分離してしまったようにみえます。

毎日清潔なスプーンでかき混ぜ、空気を入れていますか？　地粉と液種を同量ずつ合わせるのですが、粉の割合が少なかったかもしれません。へんなにおいがしなければ、もう一度よく混ぜて様子をみましょう。粉と水を足しても活動してこないようなら、使えません。

仕込み3日後 day 4

仕込み後約72時間たつと十分に発酵し、元種が完成！

瓶を開けるとほのかにアルコールの香りが。りんご酵母の場合はりんごのさわやかな香りもする。生地は盛り上がりが落ち着き、すりおろした山芋のようにトロトロで、小さい元気な泡が出ている。

完成した元種は、冷蔵庫で保存する。

完成後の元種 after day 4

完成すると、使った粉と水の量は計400～600gになり、パンを数回焼ける量の元種ができる。

★保存期間は？

冷蔵庫に入れても時間がたちすぎると元気がなくなり味も落ちるので、2週間を目安に使いきる。活力の落ちた元種は、ピザやワッフルなどに使うとよい。すぐに使わないときは、1カ月程度冷凍保存も可能。

★3日後以降は粉を足してはダメ？

頻繁にパンを焼くときなどは、完成した後も粉と液種を足し、「種をつなぐ」ことができる。

★種をつなぐ方法は？

元種を250g使ったら、半量（125g）ずつの液種と地粉を加える。常温（25℃前後）でしばらくおくと発酵し、元気な元種になる。繰り返すと酸味が出やすいので、つなぐのは2回程度まで。

Step3 パン作り

自家製酵母で作った元種を使って
生地を作り、パンを焼く

ここでは、シンプルな三角パンを作る手順を紹介しています。ほかのパンの手順も、この工程が基本となりますので、頭に入れておいてください。各手順にある「✿」には、ほかのパンを作るときのアドバイスなどを記しています。

生地の配合

基本の分量
（三角パン８個分）

A　地粉　250g
　　塩　4g
　　砂糖　4g
B　元種　125g
　　水　130〜140g

✿ こねる水の温度は
- 冬　30〜35°C
- 夏　10〜15°C
- 春・秋　20°C前後

を目安にするとよい。

配合のポイント

★基本
- 粉の量を100としたとき、塩と砂糖は1.5〜1.8、元種は50、水は52〜56の割合で配合する。
- 夏は発酵しやすいので、元種の量を少なめ（粉100に対して40くらい）にするとよい。
- 水分の量は、粉の種類やパンを作る環境（気温、湿度）によって異なる。

★応用
- お好みで、スキムミルク、油脂を入れても。
- 砂糖（きび砂糖など）は入れなくてもよい。
- 粉の１割程度、外麦（外国産小麦）を配合すると、パンがふっくらする。
- Bに卵（1/2個、30g程度）を加え、そのぶん水の量を減らすと、パンがふんわりする。

生地をこねる

1
ボウルにAを入れ、混ぜる。

2
調整用として少量（30g程度）の水を残してBを加え、よく混ぜ合わせる。

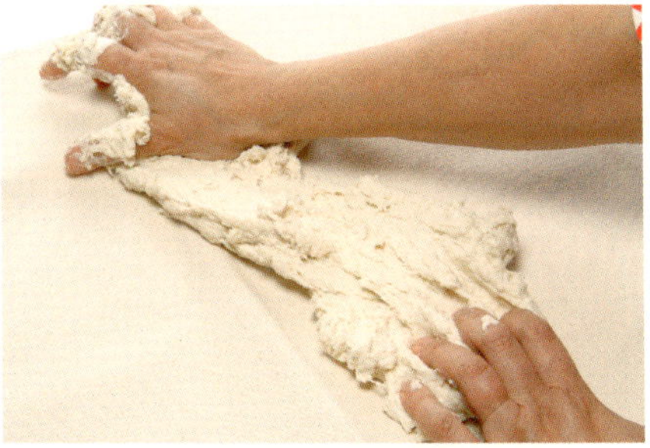

3
生地をパンのこね板か大きめのまな板、ステンレス台などに置き、打ち粉をつけながら手でこねる。

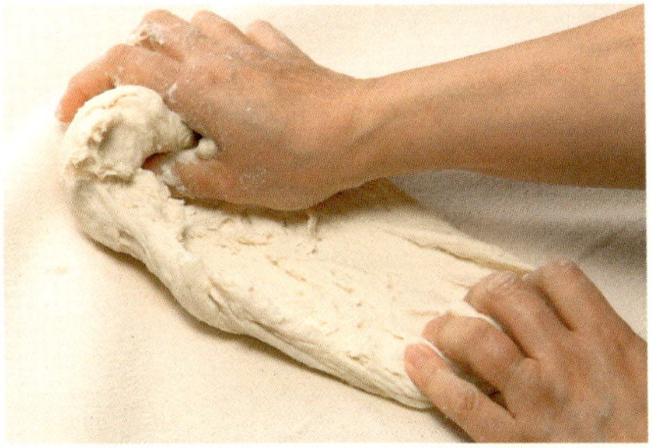

4
生地を手前から向こうへ手のひらで台に押しつけるようにしてのばし、まとめてはまたのばしてこねる。生地の様子をみて、水分の量が足りないようなら調整用の水を少し加え、15分程度繰り返し、しっかりこねる。

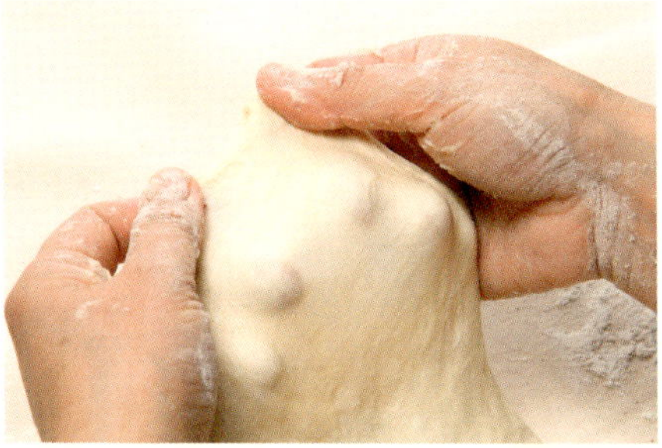

5
生地がなめらかになり、薄くしても生地が指できれいにのびるようになればこね上がり。きれいに丸めてボウルに入れる。

ストレート方法のパン作り

本書では元種（中種ともいいます）を用いたパン作りをご紹介していますが、液種を直接粉と混ぜる「ストレート方法」でも、時間はかかりますが、パンを作ることができます。作り方は、①地粉250g、塩４g、砂糖４g、液種130gを混ぜ合わせてこね、半日一次発酵。②軽く丸め直して空気を抜き、90〜120分二次発酵。③成形と焼き時間は本書のパンの作り方と同様です。

パンをこねる豆知識

★基本

・自家製酵母で発酵させる場合は、生地をしっかりこねておかないと、かたいパンになりがち。手ごねの場合は15分程度、パンミキサーを使うときは10分程度を目安に。
・こねるときの水の量は、お住まいの地域の環境や、室温や湿度によって異なる。パンを作るたびに気温、湿度、使った水の量をメモしておくと、だんだん適切な水の量がつかめてくる。
・ワッフルやパンケーキを作るときは、材料をA、Bと分けず最初からすべての材料を合わせてこねてよい。
・油脂を入れるときは、フーガス、フォカッチャ、ピザなどは生地をさくっと仕上げるため、はじめから入れてこねる。そのほかは、パンをこね始めて生地がひとつにまとまり、手にベタベタつかなくなってから加える。

★応用

・外麦はグルテンの含有量が多いので、配合した場合は強めにしっかりこねる。
・バターや卵を多く配合した生地は、それほどこねなくても十分おいしく仕上がる。

一次発酵

こね上がった生地をボウルに入れ、
乾燥しないようラップや清潔な
シャワーキャップをかぶせて発酵させる

発酵前

発酵後

生地に指をそっと入れ、できた穴が元に戻らなければ十分に発酵した状態。

発酵時間の目安

基本は、こね上げた生地の温度が25～27℃の状態で５～６時間。

- 生地をこねるとき、調整用の水を夏は10℃の冷水、冬は30℃の温水にすると、こね上げた生地の温度がちょうどよくなる。

春・秋　常温（25～27℃）で約６時間
夏　27～28℃で３～４時間
冬　24～25℃で６～７時間

- 夏・冬は、ボウルが入る大きさの発泡スチロール箱を用意し、夏は保冷剤、冬はコップに入れたお湯を一緒に入れてふたをし、25～27℃の状態をキープするといい。中の温度は、上がりすぎることもあるので、温度計できちんと確認すること。

分割・ベンチタイム

生地を分割し、成形の準備をする

1
一次発酵が終わったら、カードやスケッパーを使って生地を８個に分割。

2
軽く丸めて、20～30分生地を休ませる。

- 分割するときは、できるだけ均等に。大きさが異なると、焼け方も違ってくる。
- 生地を丸めるときは、切り目を包み込むように手早く丸める。
- 生地が乾燥しないよう、必ず上からぬれぶきんをかけておく。

成形

手早く形を
整える

✿ 自家製酵母パンは、イーストで作るパンに比べてグルテン形成が弱いので、時間をかけず手早く成形するのがポイント。あまりさわりすぎると生地が傷み、回復しなくなる。

✿ 二次発酵後は動かせないので、成形後は天板の上へ。ふくらむので置く位置にも注意。

1
めん棒で生地を直径12cm程度の円形にのばす。

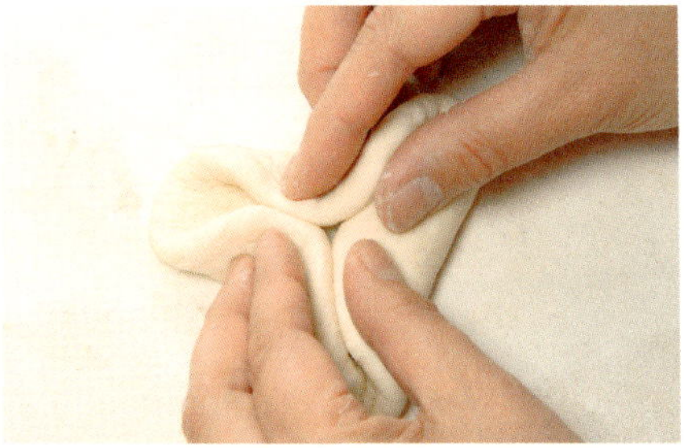

2
左右と下から中心に向けて生地を折り、三角形を作る。

3
重なり目をつまんでしっかりとじる。

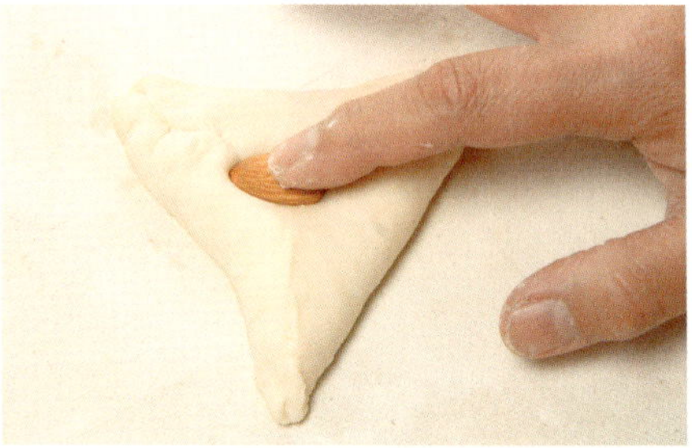

4
中央にアーモンドをのせ、軽く押しておく。オーブンシートを敷いた天板の上にのせる。

二次発酵

焼き上げ前の
最終発酵

28～29℃の環境温度で１時間～１時間半発酵させる。

✿ ときどき様子をみて、生地が乾燥しそうなら霧吹きで水を吹きかける。

✿ クープを入れたり生地に粉をふったりするときは、二次発酵後に行う。

天板の上で二次発酵させたところ。

焼く

オーブンで焼
き上げる

200℃に温めておいたオーブンに、手早く天板に並べた生地を入れ、13分強焼く。焼き上がったらすぐに取り出し、冷ます。

パン作りの道具

これじゃなくちゃダメ、というわけではありません。
写真は参考にしてください。

ボウル

材料を混ぜたり、生地をまとめて一次発酵させるときなどに使います。

めん棒

生地を均一にのばすときに使います。

霧吹き

オーブンに入れる直前に霧吹きで生地に水を吹きかけると、表面がパリッとしたパンが焼けます。細かい霧が出るほうがいいです。

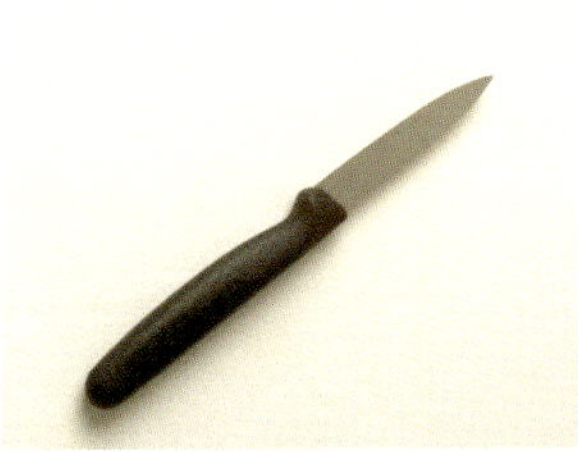

ナイフ

クープを入れるときは、小さいナイフを使うのがおすすめ。

スケッパー

発酵後の生地を分割するときはステンレス製のスケッパーで。

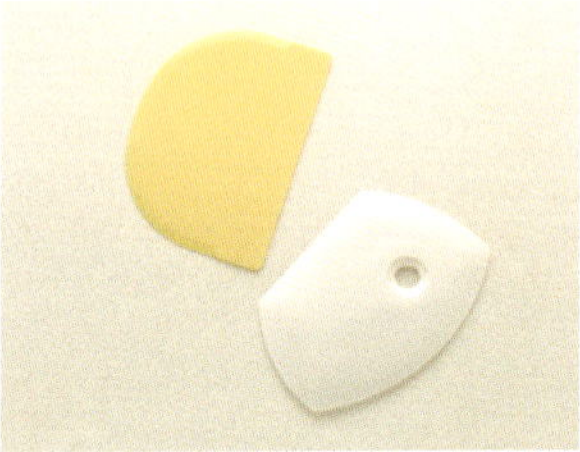

ドレッジ

ボウルから生地を取り出して移すとき、分割するときに使います。

計量スプーン

小さじ1＝5cc、大さじ1＝15cc。オリーブオイルなど少量を量るときに使います。パン生地の材料となる少量の塩や砂糖は、スケールで確認しながら粉の入ったボウルに加えます。

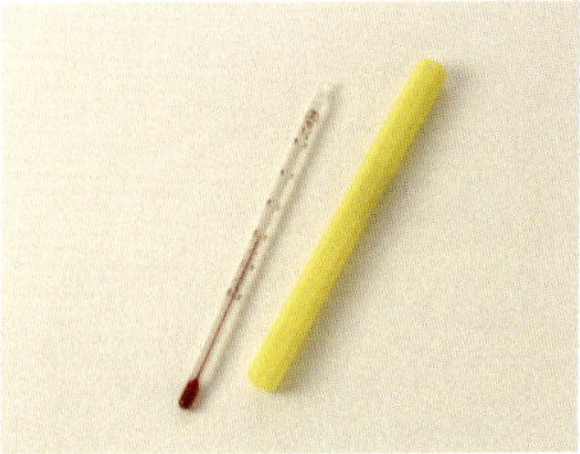

温度計

自家製酵母でパンを作るときは、温度計は欠かせません。高価なものでなくていいので常備し、こまめに測って温度を確認しましょう。

スケール

材料を正確に量るためにはデジタルタイプが便利。パン作りでは2kgまで量れれば十分でしょう。

タイマー

生地を発酵させたり、ベンチタイムをとるためにパンから離れたとき、うっかり忘れて適切な時間を大幅に過ぎてしまうことのないよう、タイマーをセットしておくと安心です。

計量カップ

この本では粉の重量に対して水分量（水や酵母液）を決めているため、レシピではccではなくgで分量を表記しています。計量カップにとった水をボウルの粉に加えながら、スケールで量を確認してください。

網

パンが焼き上がったら置いて冷まします。

パンの材料

自家製酵母からは、素朴ながら個性の強いパンができます。
材料にも、特徴のあるものを選んでいます。

◆砂糖

この本では、上白糖など精製された砂糖ではなく、砂糖本来のミネラルや栄養分を含む、きび砂糖、てんさい糖、メープルシュガー、米飴などを使います。

きび砂糖

精製途中の砂糖液を煮詰めて作るため、さとうきびに含まれる自然の風味や、ミネラル分が豊富に残ります。

てんさい糖

砂糖大根やビートともいわれる甜菜（てんさい）が原料。腸の中でビフィズス菌を増やすといわれるオリゴ糖が多く含まれます。

メープルシュガー

北アメリカ大陸に原生するサトウカエデの樹液からとれるメープルシロップの水分をとばしたもの。ミネラルが豊富でとくにカルシウムが多く含まれます。

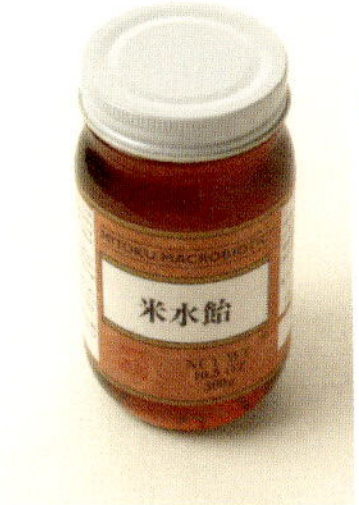

米飴、米水飴、餅飴

もち米のでんぷんを麦芽で糖化した水飴のようなもの。近年、マクロビオティックの甘味料として注目されています。湯で溶いて使いましょう。

地粉

パン作りにはグルテン含量の多い強力粉を使います。自家製酵母と相性がいいのは、国産小麦。できるだけ地元といえるくらい近場でつくられた小麦を使いたいという思いから、この本では材料の国産小麦を「地粉」と表記しています。一方で外国産の小麦を「外麦」と呼びます。

塩

パン作りに欠かせないのがミネラル豊富な塩。海の塩で十分ですが、岩塩などが手に入る場合は使ってみても。うまみが増します。

バター

この本では無塩バターを使っています。有塩バターを使う場合は、塩の量を半分にして。

◆素材いろいろ

何をパンに混ぜ込むか考えるのも楽しみのひとつ。この本ではちょっと変わった、健康にいい素材もいろいろ使っています。

ワイルドライス

米ではなくイネ科の植物の種子で、ビタミン、ミネラル、食物繊維に富みます。

紅麹（べにこうじ）

発酵食品の原料となる麹の一種で、血中のコレステロールを下げる作用のある成分を含みます。

もちきび

古来から日本で親しまれていた雑穀のひとつ。ほのかに甘くもち米のような食感があります。

亜麻の実

フラックスシードともいい、食物繊維やリグナンが豊富。

黒米

白米に比べてたんぱく質やミネラルが豊富で、滋養強壮や造血作用に優れる古代米。

季節を楽しむ酵母いろいろ

12 種類の酵母液

旬の素材から起こす酵母は、元気があって香りも豊か。
もぎたて、とりたてのものを使うと、
早ければ3日くらいでシュワシュワいって、瓶を開けるとポン！
完成した酵母液は、冷蔵庫で保存しましょう。
自家製酵母のパン作りを楽しむには、常に1本、冷蔵庫に液種の瓶が入っているといいですね。
液種は、ほどよいうまみとほのかな甘みを感じるくらいに仕上がると、パンがよく焼けます。
ペットと同じで、自分の都合にではなく、
酵母の具合に合わせてのんびりゆっくり見守ってあげると、
ほどよい液種ができるでしょう。
なかなか発酵しないからといって、
無理に温めたりするのは禁物です。

■難易度

★	簡単
★☆	↓
★★	↓
★★☆	↓
★★★	難しい

（季節や素材の状態にもよるので、難易度はあくまでも目安です）

■液種や元種の基本的な作り方は、p.6～13を参照のこと。

■液種に加える糖分は、きび糖、メープルシュガー、てんさい糖、
湯に溶かした米飴か餅飴のうち好みのものを使う（p.19参照）。

春

いちご酵母

甘いいちごには、酵母の大好きな糖分がたっぷり。
発酵が進めば甘ずっぱい香りがふわっと漂い、
毎日瓶を開けるたび、幸せな気分にさせてくれます。

5 日目

3日目くらいから、だんだん甘いお酒のような香りがしてくる。（液種や元種の基本的な作り方は、p.6～13を参照）

●難易度

★★

●日数

よく熟したいちごで3～4日。熟していないと1週間くらいかかるが、あせらず待つ。きび砂糖などを小さじ1入れてみても。

●保存

実を残したまま冷蔵庫で保存できる。砂糖やいちごを足してつなげるが、酸味が出やすいので、液種は1カ月、元種は2週間で使いきる。

point 小粒のものでいいので、熟したものを瓶に1/3～1/2詰める。へたは取ったほうが、きれいな赤色の液種になる。

残りの実は、砂糖で煮てプリザーブやジャムにしてもよい。

初夏

ハーブ酵母

パンと相性のいいハーブで起こす液種は、すがすがしい香りが特徴。通年手に入りやすいハーブですが、初夏は新芽がぐんぐん伸びて元気な時期。ローズマリー、タイム、オレガノなど種類は問いません。お好みのものを１種類でも、組み合わせてもいいでしょう。

5 日目

元気なハーブで適温だと５日目で完成。（液種や元種の基本的な作り方は、p.6〜13を参照）

point　果物に比べると酵母が起きにくいが、上手に起きると泡がたくさん出て、ハーブ独特のさわやかな香りがしてくる。

残ったハーブは、瓶から取り出し、しっかり乾燥させてから、砕いて塩と混ぜてハーブソルトにしたり、料理やパンの生地に使ったりするとよい。

2 日目

ハーブは瓶にたっぷり詰め込む。ここでは、タイム、オレガノ、セージのミックスハーブを材料としている。

● 難易度

★★★

● 日数

元気のいい初夏のころなら５日、冬などは１週間かかることも。発酵が遅い場合は、メープルシュガー小さじ１を入れても。

● 保存

かたい茎のハーブは残したまま冷蔵庫で保存できる。バジル、レモンバーム、ミントなどやわらかいタイプのハーブの場合は、どろどろになってしまうので取り除いて液だけで保存。

プチコラム

ハーブ酵母は難しいけれど、シンプルなパンとの相性は抜群！

ハーブのいいところは、ほぼ一年中手に入りやすいこと。庭で育てている方も多いことでしょう。ハーブは糖分が少ないので、果物に比べると酵母を起こすのはちょっと難しいです。けれども、そのさわやかな香りはほかのものには替えがたいですし、シンプルな配合のリーン※なパンにとってもよく合います。りんごなどの果物で酵母を起こすコツをつかんでからでも、ぜひ試してみてください。

※リーンなパン……リッチなパンとは対照的な素朴なパン。一般的に、砂糖やバター、卵を使わないか、少量しか入れないものをいう。

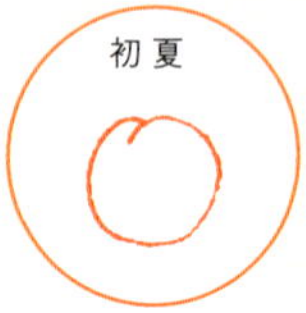

梅酵母

梅酒や梅シロップ、梅干しを仕込む方も多いでしょう。いまでも生の梅は一年のいっときしか出ませんね。季節の移り変わりを楽しめる酵母のひとつです。青梅でも熟した梅でも、梅シロップの梅でも元気な酵母が起きます。梅の旬の時期は短いのですが、冷凍しておくと通年使えます。梅の酵母液は煮物やドレッシングにもよく合います。

5 日目

仕込み日には沈んでいた梅が浮かんでくる。（液種や元種の基本的な作り方は、p.6〜13を参照）

●難易度

★★☆

●日数

熟した梅なら５日ほど。熟していないと８日くらいかかることも。ふたを開けたとき梅のいい香りがしていたら、５日を過ぎても大丈夫なので待ってみて。

●保存

酵母が起きたら、梅を入れたまま冷蔵庫で保存。

point　青梅の場合は、フォークなどで穴を開けてから使う。梅は強い酵母なので、カビが生えたりなかなか酵母が起きなかったら一度洗ってからもう一度チャレンジ。きび砂糖などで一度煮てから作るのもいい。

ふたを開けると豊かな香りが漂う。

トマト酵母

真夏のよく熟したトマトは、果物のように甘いもの。真っ赤なトマトなら、酵母もよく起きます。ミニトマトのほうが酵母は起こしやすいです。最近は黒トマト、黄色いトマトなど種類も多くなりました。ベランダで鉢植えのトマトも結構手軽にできます。無農薬のトマトの発酵力の強さは驚くほどです。

5 日目

瓶の底にたまっているのは酵母です。よく混ぜてから元種を作りましょう。（液種や元種の基本的な作り方は、p.6～13を参照）

● 難易度

★★

● 日数

旬の時期は 3 ～ 4 日、冬場は 1 週間かかることも。

● 保存

へたは取っても取らなくてもいい。トマトは入れたまま冷蔵庫へ。

point　りんごと違い、切ると中の種が出てしまうので、ミニトマトを丸のまま使う。皮が厚いと時間がかかることも。

発酵が進むと、皮が少し割れてくる。これも目安のひとつ。

秋

ぶどう酵母

世界中で、ワインやビネガーといった発酵食品の材料となるぶどうは、酵母が起きやすいもののひとつです。種類もいろいろありますから、そのときどきで手に入ったもので作ってみて、違いを楽しむのもいいでしょう。

7日目

完成後、別の種類のぶどうと水を足してつないだもの。（液種や元種の基本的な作り方は、p.6～13を参照）

●難易度

★☆

●日数

熟したものなら3～4日。皮が厚かったりすると5日後でも反応のないときがある。嫌なにおいがしなければ傷んではいないので、きび砂糖小さじ1などを加えて様子をみる。

●保存

ぶどうを入れたまま冷蔵庫へ。発酵力が強いので、完成後もぶどうを追加してつなぐことができる。

10日後の状態。皮が破れ、実もスカスカになってきている。

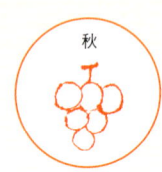

2 日目

少し変化はあるが、まだおとなしい。

point　ぶどうの種類は何でもよく、場合によっては何種類か混ぜても。房から外したものを使う（房ごとは入れない）。

4 日目

発酵が進み、泡がたくさん出ている。

冬

みかん酵母

黄色く熟したみかんは、皮をむいたとたんに甘ずっぱい爽快な香りがたちます。もぎたてのみかんならなおのこと。みかんの皮は無農薬なら干して陳皮として料理にも使えます。

5 日目

表面に泡がつき、実が浮いてくる。（液種や元種の基本的な作り方は、p.6〜13を参照）

●難易度

★

●日数

甘い熟したみかんで3〜4日。出回るのが冬場なので1週間くらいかかることもある。

●保存

実を入れたまま冷蔵庫へ。残った果肉はマフィンに入れ込んでも。

point　外の皮をむき、房に分けて使う。白い部分は取らなくていい。

房の薄皮が薄いものは発酵が早く進みやすい。大きい房の場合は裂いて入れてもいい。

甘酒酵母

正月に寺社で配られるなど、冬に体を温める飲み物として好まれるほか、各種ビタミンや必須アミノ酸を含む健康飲料として、マクロビオティックでは砂糖の代わりの甘味料としても注目される甘酒。米麹と米を発酵させて作られているので、酵母もすぐに起きます。

5 日目

置いておくと分離したように見えるが、かき混ぜるとこのとおり。（液種や元種の基本的な作り方は、p.6〜13を参照）

● 難易度

★

● 日数

早いと２〜３日で起きることも。味見してほどよい甘みと酸味に、アルコールの風味も加わったと感じたら完成。

● 保存

酵母が起きたら冷蔵庫で保存。

point　飲料として販売されているものではなく、袋詰めされたものを使う。

最近の甘酒には、有機栽培された米や玄米を原料にしたものもある。

ヨーグルト酵母

材料が一年中手に入り、酵母が起きやすく、元気な元種ができるので、自家製酵母のパンを初めて作る方におすすめ。ライ麦やドライフルーツなどと相性がよく、起こしやすく育てやすい酵母です。

5 日目

発酵力の強い液種。（液種や元種の基本的な作り方は、p.6～13を参照）

●難易度

★

●日数

5～6日。季節によってはもっと早く起きることもある。

●保存

酵母が起きたら冷蔵庫へ。ヨーグルトと水を足して、一年中つなぐことができる。

静かなようでも、かき混ぜるとプクプクいいます。

プチコラム

じかに粉を入れてもOK!

ヨーグルトの場合は、そのまま地粉と塩を加えて混ぜ、いきなり元種を作ってしまうこともできます。毎日かき混ぜていると3～4日でプクプクしてくるので冷蔵庫へ。これはそのまま元種として使えます。必ずしも密閉しなくてもいいので、ヨーグルトの入っていた容器で手軽に作ることもできます。

●基本の分量

プレーンヨーグルト　200g
地粉　50g
塩　ひとつまみ

ヨーグルトに直接地粉と塩を足して5日目。このまま元種としてパン作りに使えます。基本の分量に沿ってヨーグルトと粉を足せば、長い期間つなぐことも可能。

point　市販のプレーンヨーグルトのほか、カスピ海ヨーグルトからでも酵母は起きる。

玄米酵母

白米に含まれないビタミンやミネラルに富み、健康にいいともいわれる玄米。ここでは、玄米を28〜29℃の環境温度（p.8参照）で数日かけて発芽させ、糖分と浄水を加えてフードプロセッサーで混ぜたもので酵母を起こします。

6 日目

十分発酵して酵母が起きている。（液種や元種の基本的な作り方は、p.6〜13を参照）

●難易度

★★☆

●日数

4〜5日（玄米の発芽にかかる日数は除く）。

●保存

酸味とアルコールの香りを感じたら完成。

玄米は一度発芽させてから瓶に入れる。

● 玄米酵母の作り方

まずは玄米を発芽させます。それから密閉できる瓶に入れて酵母を起こします。農薬のかかった玄米は発芽しないので、無農薬のものを使ってください。

1）100gの玄米を、水に浸したふきんかペーパータオルに包み、28～29℃の環境温度で2日くらい置いておく。清潔に保つことが大切なので、ときどき流水で洗って傷まないようにする。
2）芽が1～2mm出てきたらフードプロセッサーに入れ、水1リットルと砂糖30gを加えてかくはんする。
3）酵母を起こすガラス瓶に入れ、p.6～9の要領で酵母を起こす。

1　玄米は1～2mm程度発芽したものを使う。

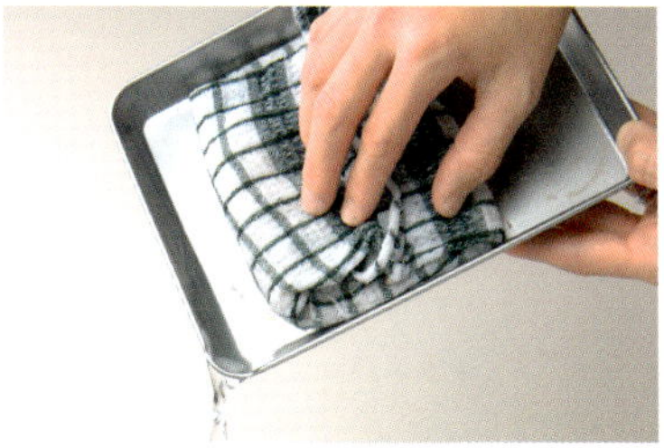

2　ふきんなどにくるんだまま水に浸し、すぐ流す。これを繰り返してジャブジャブ洗い、清潔な状態を保つ。

point　市販の発芽玄米をそのまま使うのではなく、1～2mm芽が出るまで発芽させてから使う。

3 日目

水はまだ白っぽい状態。

通年

バナナ酵母

アフリカの人たちは、料理用バナナでお酒を造っているそうです。ドキュメンタリー番組でそれをみたとき発酵力の強いバナナの力に気づき液種に試したところ、本当に元気な酵母が起きました。酵母液をなめると、濃厚でパンチのあるバナナ酒の味わいが想像できます。この酵母液はお菓子や料理にも使えるすぐれものです。

5 日目

発酵力が強く、勢いよく泡が出ている。（液種や元種の基本的な作り方は、p.6～13を参照）

●難易度

★★☆

●日数

4～5日。

●保存

酵母が起きたらバナナを取り出さずに冷蔵庫へ。

バナナは、元種を作るとき液種と一緒に混ぜ込んでしまう。

仕込み日

大きめの1本分くらいのバナナをちぎって瓶に入れる。完熟バナナを使う。まだ青みの残るバナナだと酵母が起きるまで時間がかかることも。

point　バナナは無農薬のものを使わないと液種が濁り、酵母が起きない場合も。皮が少し茶色になったような完熟のものを使う。元種を作るときは、よく混ぜてから加える。

3 日目

バナナの周りを泡が取り囲んでいる。ふたを開けると、プシュ、シュワーッと元気のいい音と甘い香りが飛び出す。味見をすると、バナナワイン風。

レーズン酵母

ここでいうレーズンとは干しぶどうのこと。手に入りやすく酵母が起きやすいので、自家製酵母のパン作りをする方にとってなじみの深い材料です。必ずオイルコーティングしていないものを使いましょう。

6 日目

はじめは沈んでいたレーズンが膨らみ、浮いてくる。（液種や元種の基本的な作り方は、p.6～13を参照）

● 難易度

★

● 日数

4～5日。材料、環境温度によっては10日ほどかかることも。

● 保存

酵母が起きたらレーズンは取り出さず冷蔵庫へ。ただしレーズンは時間がたつと溶けてしまうので、できればまだかたいうちに取り出してケーキやスコーンに使うといい。肉や魚のムニエルに添えるバターソースにこのレーズンを加えるとイタリアの田舎料理風に。

point　レーズンは1リットル瓶で200gの量が目安。ノンオイルコーティングのものかどうかを確認してから使用すること。なるべく無農薬栽培と明記されたものを選ぶ。

いろいろな種類がありますが、くせの少ない「グリーンレーズン」がおすすめ。

自家製酵母でパンを焼こう！

48 種類のレシピ

元種ができたら、パンを焼いてみましょう！
各レシピには、おすすめの液種マークが入っています。
もちろんそれ以外ダメというわけではないので、
お手元にある好みの液種を使って元種を作ってください。

■レシピにある「砂糖」は、特に表記のない場合はきび砂糖、メープルシュガー、てんさい糖、湯で溶かした米飴か餅飴のうち好みのものを使う。

■バターを加えるときは、冷蔵庫から出して常温でやわらかくしておく。

■液種や元種の基本的な作り方は、p.6～13を参照。

■型に塗る「油脂」は、特に表記のない場合はオリーブオイルかバターを使う。

■この本では粉の重量に対して水分量（水や酵母液）を決めているため、レシピではccではなくgで分量を表記している。計量カップにとった水をボウルの粉に加えながら、スケールで量を確認して。

■焼き時間の表記の違いは、パンにより変えているため。

■天板に生地をのせるときは、オーブンペーパーまたはオーブンシートなどを、適宜敷いておく。

田舎パン

シンプルな、どんな食事にも合いやすいパンです。
材料の水の半分を酵母液にして、四季折々の酵母の香りを楽しんでください。

a

一次発酵が終わったらドレッジで分割し、軽く丸めてベンチタイム。

b

クープ※1は生地の底ギリギリまで、深めに入れる。

材料（2個分）

A　地粉　250g
　　塩　4g
B　元種　100g
　　酵母液＋水　140g

作り方

1 p.14〜16の要領でAとBを混ぜ合わせ、生地がなめらかになるまでこねて一次発酵させる。
2 生地を2分割して軽く丸め（写真a）、20分ベンチタイムをとる。
3 きれいに丸め直して底をしっかりとじ、天板にのせて二次発酵させる。
4 丸めた生地の真ん中に深くクープを入れ（写真b）、霧吹きで水を吹きかける。300℃に温めておいたオーブンに入れ、200℃に下げて20分焼く。

myオーブンに強くなろう！

オーブンにはいろいろな種類があります。自分のオーブンのクセや特徴を知り、上手に焼き上げるコツをつかむのが大切。まずはレシピどおりにやってみて、うまくいかなければ温度を上げ下げしてみるなど、何度も同じパンを作ってみてください。次第に自分のオーブンの扱いに慣れ、早くコツがつかめるでしょう。

電気オーブンとガスオーブンは違う？

一般に、電気オーブンはいったん下がった温度がなかなか上がりにくいのが特徴です。この本ではガスオーブンを使うことを想定しています。

扉を開けると温度が下がる？

天板を入れるときに電気オーブンの扉を開けると、50℃程度温度が下がってしまいます。また、扉を閉めた後、温度が元に戻るまで時間がかかります。

写真どおりの焼き上がりの色にならない？

レシピどおりの温度、時間で焼いたのに焦げてしまったり、色が写真より薄いとき、次回は温度を10℃程度下げたり上げたりして試しましょう。

予熱温度と焼成温度が違う？

リーン※2なパンは、高温でしっかり焼き上げるのがコツ。オーブンをそのオーブンの最高温度（本書では300℃）に温めて、十分水を霧吹きしたパンをのせた天板を入れ、まず5分間はそのままにしておきます。パンは高温の下火でふくらみ、クープも気持ちよいほど開きます。その後レシピどおりに温度を下げて焼いてください。

※1 クープ……パンに入れる切り目のこと。
※2 リーンなパン……p.23参照。

修道院のパン

スイスの修道院ではその昔、
かたくなったパンを砕いたものを生地に混ぜ込んで
パンを焼いていたのだとか。ビューリ・ブロートともいいます。

a

かたくなったパンを細かく砕いて入れる。

b

手で少しのばし、真ん中に生地を寄せるようにして丸める。

c

生地を寄せてつまんだ側を下にし、天板の上にくっつけて並べる。

材料（1個分）

A　地粉　230g
　かたくなったパンを砕いたもの　20g
　塩　5g
B　元種　125g
　水　125g

作り方

1 p.14～16の要領でAとBを混ぜ合わせ（写真a）、生地がなめらかになるまでこねて一次発酵させる。

2 生地を4分割して軽く丸め（写真b）、20～30分ベンチタイムをとる。

3 きれいに丸め直して底をしっかりとじ、4個をくっつけて天板に並べ（写真C）、二次発酵させる。

4 250℃に温めておいたオーブンに入れ、200℃に下げて25分弱焼く。

ポイント　このパンは副材料が塩だけでグルテンができにくいので、丁寧にこねる。

a

めん棒で均一の厚みになるよう生地をのばす。

b

ドレッジで生地に切り目を入れる。

c

焼くと生地がふくらむので、切り目はしっかり広げておく。

材料（2個分）

A　地粉　250g
　　塩　5g
　　ミックスハーブを刻んだもの　小さじ2
B　元種　125g
　　水　125g
　　オリーブオイル　大さじ1

作り方

1 p.14～16の要領でAとBを混ぜ合わせ、生地がなめらかになるまでこねて一次発酵させる。

2 生地を2分割して軽く丸め、20～30分ベンチタイムをとる。

3 めん棒で楕円にのばし（写真a）、ドレッジで切り目を入れて指で広げ（写真b、c）、天板にのせて二次発酵させる。

4 210℃に温めておいたオーブンで14分焼く。

フーガス

南フランスでよくみかけるこのパンは、切り目の入った形がユニーク。
ちぎって食べると、ハーブの香りが口の中に広がります。
ワインやビール、オリーブ、ベーコンとも相性抜群！

食パン

わが家でも、だんぜん焼く頻度が高い定番のパン。
自家製酵母で作ると、もっちりした、かみごたえのよさを楽しめます。

a

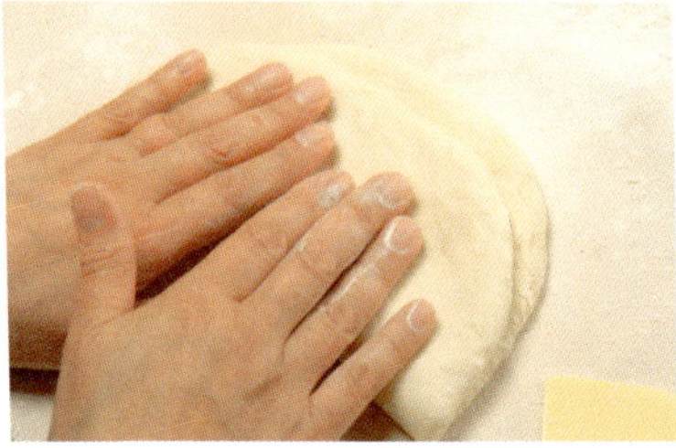

生地をめん棒でのばし、半分にたたむ。ギュッと押して空気を抜く。

b

さらに半分にたたみ、生地の合わさっている部分をまとめていくように、表面から生地を寄せて丸める。

c

生地を集めた重なった部分をしっかりつまむ。

d

つまんだほうを下にして、オリーブオイルを塗った型に入れる。

材料（食パン1斤型1台分）

A 地粉 300g
　塩 5g
B 元種 130g
　水 170g
オリーブオイル 大さじ1

作り方

1 Aを合わせ、そこにBを加えて少しこねる。
2 オリーブオイルを加え、生地がなめらかになるまで15分ほどこねて一次発酵させる。
3 生地を2分割し、丸め直して、20〜30分ベンチタイムをとる。
4 型にオリーブオイル（分量外）を薄く塗り、4つにたたんでから丸めた生地を入れ（写真a、b、c、d）、2時間ほど二次発酵させる。
5 型ごと天板にのせ、200℃に温めておいたオーブンで40分焼く。

ポイント　よくふくらんで釜のびをした食パンにしたいときは、地粉の2割を外麦にするとよい。

材料（直径18cmのリング型１台分）

A　地粉　250g
　塩　3g
　砂糖　20g
　シナモン、ナツメグ、オールスパイス　各適量
B　元種　100g
　水　多くても30g
　りんご（皮ごとすりおろしたもの）100g
無塩バター　10g

作り方

1 p.14～16の要領でAとBを混ぜ合わせて生地がひとまとまりになるまでこね、バターを加えてなめらかになるまでこね上げ、一次発酵させる。
2 生地を６分割して（写真a）軽く丸め、20～30分ベンチタイムをとる。
3 きれいに丸め直して底をしっかりとじ、薄くバター（分量外）を塗ったリング型に入れ（写真b）、二次発酵させる。
4 型を天板にのせて250℃に温めておいたオーブンに入れ、200℃に下げて25分焼く。

a

生地はスケッパーでなるべく均等になるように分割する。

b

生地を寄せてつまんだ側を下にし、バターを塗ったリング型に並べる。

ポイント　シナモンは多く配合しすぎると発酵にかかる時間が長くなるので注意。スパイスの代わりに、レーズンなどのドライフルーツを入れてもよい。オーブンを高めの温度に温めてから焼くと、電気オーブンの場合は色よく仕上がり、ガスオーブンの場合は水分がとび、軽い食感のパンが焼ける。

リングパン

一見シンプルなパンですが、手でちぎれば
ふんわりとした生地と香りのよさに驚くはず。
りんごのすりおろしを水の代わりに入れているから、
すっきりとした果肉の味も堪能できます。
好みのスパイスで香りをさらに高めてください。

ロールパン

卵とバターの入ったリッチなパン。
巻き終わりの部分に切り目を入れて
ちょっと個性的な形にしています。
ロールパンの成形はわりと難しいのですが、
このやり方だときれいに仕上げやすいです。

a

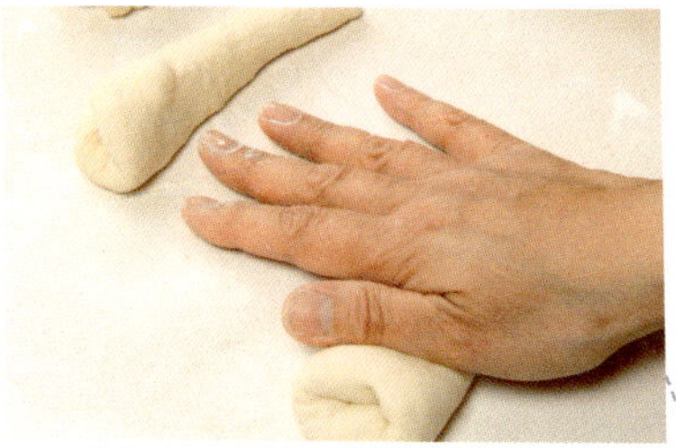

細長くするときも、まず生地を一度めん棒で平たくし、折りたたんで、細くする部分を手で押す。

b

両端を手で持ち、こね台から持ち上げながらそっと引っ張るようにして30cm程度にのばす。

c

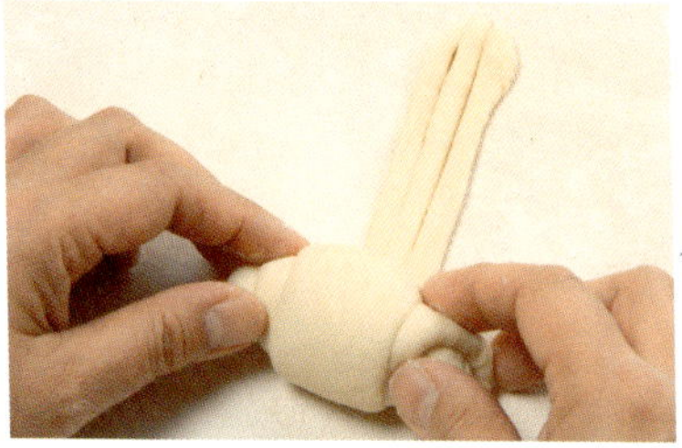

生地をめん棒でのばし、ドレッジかカードで、生地の先端に2本切り目を入れ、手前からくるくると巻いていく。

d

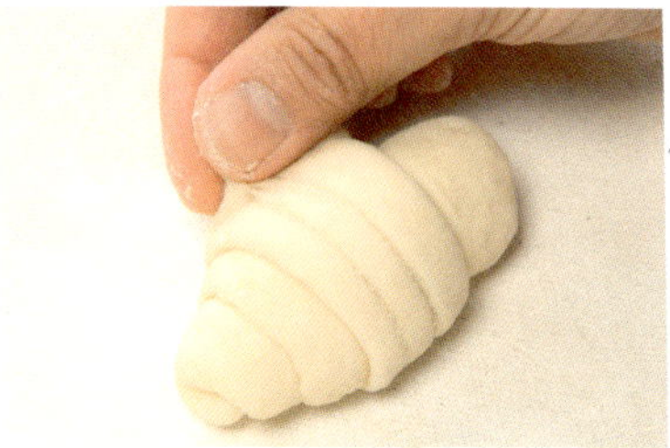

巻き終わりはつまんでくっつけ、その部分を下にして置く。

材料（10個分）

A　地粉　250g
　塩　4g
　砂糖　20g
B　元種　125g
　水　90〜100g
　溶き卵　1/2個分
無塩バター　25g
（水の量は卵のサイズにより加減する。卵と合わせて125gが目安）

作り方

1 p.14〜16の要領でAとBを混ぜ合わせて生地がひとまとまりになるまでこね、バターを加えてなめらかになるまでこね上げ、一次発酵させる。
2 生地を10分割して軽く丸め、20〜30分ベンチタイムをとる。
3 細長い円すい形（涙形）にしてから（写真a、b）めん棒でのばし、細いほうに2本切り目を入れて巻いていく（写真c、d）。天板にのせて二次発酵させる。
4 190℃に温めておいたオーブンで12〜13分焼く。

a

めん棒で生地をのばし、ハーブとチーズを散らす。

b

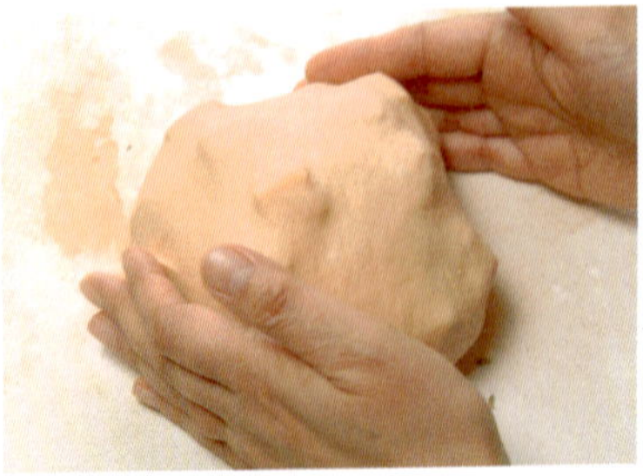

上下左右から生地を折って丸め、再度めん棒で生地をのばして丸める。

c

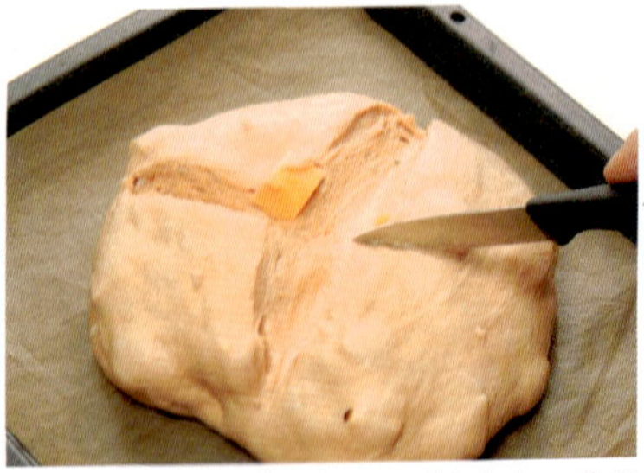

天板の上で、まず1本クープを入れ、その後中心から外に向かって2本入れる。

材料（1個分）

A　地粉　250g
　塩　4g
B　元種　100〜125g
　トマトジュース　130〜140g
ドライハーブ（オレガノなど）　小さじ2
チェダーチーズ　120g

作り方

1 p.14〜16の要領でAとBを混ぜ合わせ、生地がなめらかになるまで10分ほどこねて一次発酵させる。

2 生地を丸め直して、20〜30分ベンチタイムをとる。

3 生地をのばし、ドライハーブと1cm角に切ったチェダーチーズを混ぜ込む（写真a、b）。

4 きれいに丸め直して底をしっかりとじ、天板にのせて90分二次発酵させる。

5 十字にクープを入れ（写真c）、250℃に温めておいたオーブンに入れ、200℃に下げて30分焼く。

ポイント　途中でチーズが焦げてくるようなら、オーブンの上の段に1枚天板を置いて焼く。トマトジュースはメーカーによって濃度が異なるので、生地の様子をみて量を調節する。

トマトとチーズのカンパーニュ

水の代わりにトマトジュースを使い、チーズをぎっしり混ぜ込んだ、ボリューム感のあるパン。厚めにスライスして味わいましょう。

ぶどう酵母

シンプル食事パン

材料（2個分）

地粉　250g
塩　4g
元種　115g
水　130g
太白ごま油　大さじ1

※太白ごま油……焙煎せずに生のごまを搾って作る、香りの少ないごま油

作り方

1 材料をすべて混ぜ合わせ、生地がなめらかになるまで10分強こね、一次発酵させる。
2 2分割して丸め、20分ベンチタイムをとる。
3 丸め直し、天板にのせて90分二次発酵させる。
4 クープを入れて、250℃に温めておいたオーブンに入れ、200℃に下げて20分焼く。

作り方も味わいもシンプルなパン。
どんな料理にも合いそうです。
クープの入れ方はお好みで。

カイザーゼンメルは、王冠のような切り目の入った、
ドイツの代表的なテーブルロール。
水の代わりに豆乳を使って、外はカリッ、中はふわりとしたパンに。
お好みでチーズやハムをはさんで召し上がれ。

豆乳入りカイザーゼンメル

いちご酵母

材料（8個分）

A　地粉　250g
　　塩　4g
　　砂糖　4g
B　元種　125g
　　豆乳　130g

作り方

1 p.14〜16の要領でAとBを混ぜ合わせ、生地がなめらかになるまでこねて一次発酵させる。
2 生地を8分割して軽く丸め、20分ベンチタイムをとる。
3 きれいに丸め直して底をしっかりとじ、天板にのせて二次発酵させる。
4 粉をまぶしたゼンメル型で生地に模様をつけ、210℃に温めておいたオーブンで13分焼く。

発芽小麦のパン

発芽小麦は、発芽玄米と同じように発芽させたことで、
小麦に含まれているビタミン、ミネラルなどが
活性化して栄養素を有効にとれるといわれています。
プチプチした食感もおもしろく、
麦の豊かな風味や甘みを感じられます。

a

少量のオリーブオイル（材料外）を加え、香ばしくなるまで軽く炒める。

b

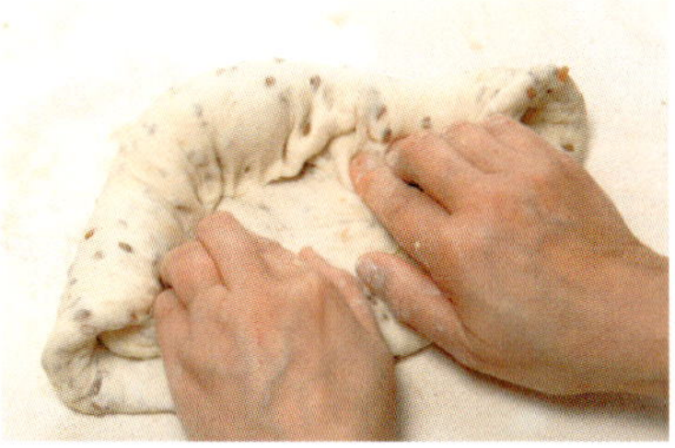

生地をめん棒で楕円にのばし、手前に折りたたむ。

c

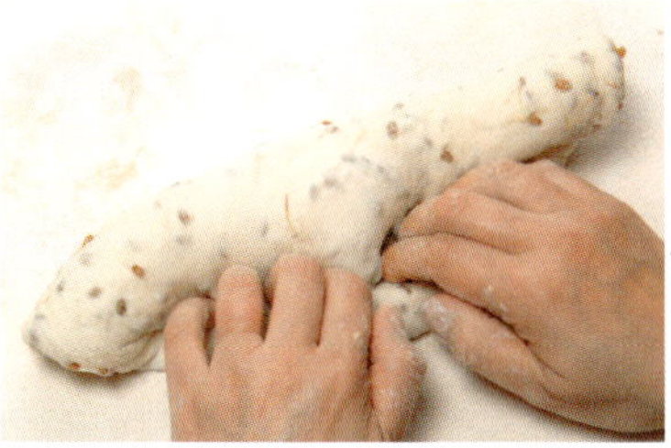

合わせ目を手でしっかり押さえる。

d

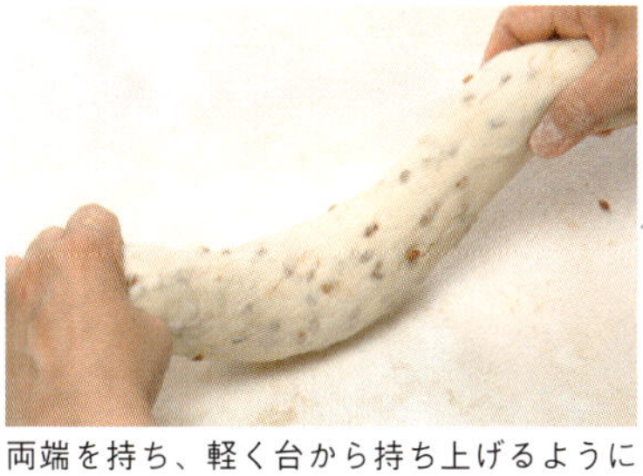

両端を持ち、軽く台から持ち上げるようにしてのばす。

材料（1本分）

A　地粉　200g
　全粒粉　50g
　塩　4g
　砂糖　2g
B　元種　125g
　水　125g
発芽小麦　35g

発芽小麦はときどきペーパータオルごと流水で洗い、ぬめりを取って清潔にする。

作り方

1 発芽小麦はフライパンで軽く炒めておく（写真a）。

2 p.14〜16の要領でAとBを混ぜ合わせ、生地がひとまとまりになるまでこねる。発芽小麦を加えてこね上げ、一次発酵させる。

3 生地を軽く丸め、20〜30分ベンチタイムをとる。

4 細長く成形し（写真b、c、d）、天板にのせて二次発酵させる。

5 クープを入れて霧吹きで水を吹きかけ、300℃に温めておいたオーブンに入れ、200℃に下げて20分焼く。

ポイント　発芽小麦の作り方

国産の玄麦を、水で湿らせたペーパータオルで包んで容器に入れ、28〜29℃の暗所（発泡スチロール箱など。p.8参照）に置く。玄麦から芽と根が出てくるので毎日様子をみて水分を足し、4日くらいたって5mm程度発芽したものを使う。

a

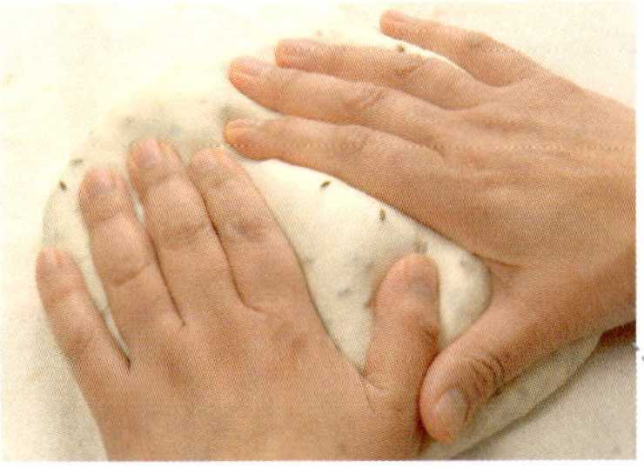

生地を両手で押さえて、軽くガス抜きをした後丸めてベンチタイム。

b

丸め直したときの生地のとじ目を上にして置く。

c

真ん中にクープを1本入れた後、中心から外に向かってあと2本入れる。

材料（直径20cmのステンレスのザル1個分）

A　地粉　250g
　塩　4g
　クミン　小さじ5
B　元種　100g
　水　140g
オリーブオイル　大さじ1

作り方

1 p.14～16の要領でAとBを混ぜ合わせて生地がひとまとまりになるまでこね、オリーブオイルを加えてなめらかになるまでこね上げ、一次発酵させる。

2 軽くガス抜きをして（写真a）丸め、20～30分ベンチタイムをとる。

3 ザルにガーゼかさらしを敷き、粉（分量外）をたっぷりふりかけ、きれいに丸め直した生地を置き（写真b）、二次発酵させる。

4 ザルをそっと返して天板に生地を置き、クープを入れる（写真c）。霧吹きで水を吹きかけたら手早く300℃に温めておいたオーブンに入れ、200℃に下げて30分焼く。

クミンのカンパーニュ

クミンはエジプト生まれのスパイス。エスニック料理、特にインドやマグレブ諸国の料理には欠かせません。
この独特の芳香が大好きなので、パンに配合してご紹介します。焼いているときからクミンの香りが漂い、幸せな気分になれます。
ステンレスのザルに入れて二次発酵させると、成形に手軽なうえ、使った後も簡単に洗えて便利です。

とうもろこしのパン

世界中で親しまれ、米や麦と同じように長い歴史を持つとうもろこし。
粉を使ったコーンブレッドも有名ですが、
甘い粒をたっぷり混ぜ込んだパンもおすすめです。
まんべんなくとうもろこしを入れるには、生地で包み込むように混ぜ込むのがコツ。

a

生地をのばして半量のコーンをのせ、三つ折りにして包み込む。

b

めん棒で生地をのばす。残りのコーンを散らし、たたみ、のばす。

c

スケッパーで均等になるよう８分割する。

d

はさみでつまむようにして切り目を入れる。

材料（天板１枚分）

A　地粉　250g
　　塩　4g
　　てんさい糖　8g
B　元種　110g
　　水　130g
ホールコーン（缶詰）100g

作り方

1 p.14〜16の要領でAとBを混ぜ、生地がなめらかになるまで８分程度こねてからホールコーンを混ぜ込み（写真a、b）、こね上げて丸め、一次発酵させる。
2 ８分割して（写真c）丸め、20分ベンチタイムをとる。
3 丸め直して天板の上で２列にくっつけて並べ、二次発酵させる。
4 はさみで切り目を入れ（写真d）、200℃に温めておいたオーブンで30分焼く。

a

丸め直したパンの表面に水をつける。

b

フロッケンをまぶす。

c

バターを塗った型に、とじ目を下にして並べる。

材料（直径18cmの丸型１台分）

A　地粉　250g
　塩　4g
　砂糖（メープルシュガーがおすすめ）　10g
B　元種　100g
　水　130〜140g
無塩バター　大さじ1/2
ひまわりの種、黒ごま、フロッケン　各適量

作り方

1 p.14〜16の要領でAとBを混ぜ合わせ、生地がひとまとまりになるまでこね、常温でやわらかくしておいたバターを加えてこね上げ、一次発酵させる。

2 生地を９分割して軽く丸め、20〜30分ベンチタイムをとる。

3 きれいに丸め直して底をしっかりとじ、とじ目をつまんで表面に少し水をつけ（写真a）、ひまわりの種をまぶし、バター（分量外）を塗った型に置く。同様にして黒ごま、フロッケンをまぶしたものも作り、型にバランスよく並べ（写真b、c）、二次発酵させる。

4 天板に型をのせ、200℃に温めておいたオーブンで25分弱焼く。

ちぎりパン

生地を丸め、型に入れて焼いたパン。
ひとつずつまわりに黒ごまなどをまぶして、にぎやかにしました。
まぶす素材によって、見た目も食感も異なり楽しめます。
食べるときは、ひとつずつちぎってどうぞ。
クッキーなどの空き缶を型にして焼いてもいいですね。

ワイルドライスのブール

ワイルドライスは、北アメリカ原産の水草の種子からなる穀物です。アメリカ中西部に居住していた先住民が数世紀にもわたってワイルドライスを収穫して味わってきました。黒っぽい色と、普通の米粒より細長い（1.5cmくらい）形が特徴で、サクサクとした食感とヘーゼルナッツのような風味があります。

a

ワイルドライスは多めに調理しておき、パンのほかサラダに加えるなどするとよい。

b

めん棒で楕円にのばす。

c

手前に折りたたみながら、合わせ目をしっかり押さえておく。

d

同様にもうひとつも成形し、二つをくっつける。両端をギュッとつまんで離れないようにする。

材料　（1個分）

A　地粉　250g
　塩　4g
　砂糖　4g
　ドライオレガノ　小さじ1
　ワイルドライス（調理済みのもの）　大さじ2
　ブルーポピーシード　大さじ1

B　元種　75g
　水　135g

作り方

1 ワイルドライスはゆでてオリーブオイルかバターでソテーし、塩、こしょうで味を調えておく（写真a、ポイント参照）。
2 Aを混ぜ合わせ、ひとまとまりになったらBを加え、なめらかになるまで10分強こねて一次発酵させる。
3 生地を2分割して軽く丸め、15〜30分ベンチタイムをとる。
4 成形し（写真b、c、d）、天板にのせて二次発酵させる。
5 300℃に温めておいたオーブンに入れ、200℃に下げて25分焼く。

ポイント　ワイルドライスを調理するときは、1カップ（200cc）を洗米後、厚手の鍋に水5カップ（約4〜5倍量の水加減）を沸騰させ、塩少々を加えてゆでる。30分くらいでやわらかくなったら、フライパンにバターかオリーブオイル適量を入れ、ゆでたワイルドライスを加えて炒め、軽く塩で調味して料理やパンに用いる。

a

もちきびはあらかじめ、同量の水に1時間ほどつけておく。

b

両手で生地を押さえて軽く空気抜きをし、ドレッジで6等分に切る。

c

天板の上で二次発酵させた後、手早くクープを入れる。

材料（6個分）

A　地粉　250g
　　塩　4g
　　もちきび（写真a）　大さじ2
B　元種　100g
　　水　150g

作り方

1 p.14〜16の要領でAとBを混ぜ合わせ、生地がなめらかになるまで7分程度こねて一次発酵させる。

2 軽く丸め直し、20〜30分ベンチタイムをとる。

3 少し空気抜きをした生地を6分割し（写真b）、天板にのせて二次発酵させる。

4 手早くクープを入れ（写真c）、250℃に温めておいたオーブンに入れ、200℃に下げて15〜16分焼く。

もちきびのリュスティック

リュスティックはフランスパンの一種ですが、田舎風で素朴なパンです。
成形もラフで、分割したそのままの形で二次発酵させるのが特徴。
歯ごたえのあるクラムが味わえる、まさに地粉ならではのパンですね。
粉の約３割を「農林61号」にして、もちきびを加えたものが大好きです。

黒米とりんごチップのパン

黒米の粉が入った生地は、もっちりしっとり。煮たりんごの甘ずっぱい香りとのハーモニーにうっとりします。

材料（1本分）

A　地粉　225g
　黒米の粉　25g
　塩　4g
　砂糖　7g
B　元種　110〜125g
　水　133g
りんごチップ　りんご1個分

黒米の粉：黒米を軽く煎り、コーヒーミルで粉にする。
りんごチップ：りんごを皮つきのまま厚めのいちょう切りにし、きび砂糖大さじ2をまぶして10分置く。好みでシナモンパウダーをまぶし、10分程度弱火で煮る。液種を作るのに使ったりんごの実を利用してもいい。

作り方

1 p.14〜16の要領でAとBを混ぜ合わせ、生地がなめらかになるまで10分程度こねて一次発酵させる。
2 生地を約20×25cmにのばし、水分を除いたりんごチップを散らしてくるりと巻く（写真a）。形を整え、とじ目を下にして天板にのせ、二次発酵させる。
3 葉脈のように切り目を入れ、190℃に温めておいたオーブンで30分焼く。

a　りんごチップを生地に散らし、巻き込む。

ぶどう酵母

亜麻の実パン

フラックスシードとも呼ばれる亜麻の実は、
食物繊維を多く含み、栄養価が高く
がんの予防にもなるといわれ、近年注目されています。

材料（1本分）

A　地粉　250g
　　塩　4g
　　砂糖　4g
B　元種　125g
　　水　125g
亜麻の実　25g

作り方

1 p.14〜16の要領でAとBを混ぜ合わせ、生地がひとまとまりになるまでこね、亜麻の実を加えてさらにこね上げ、一次発酵させる。
2 生地を軽く丸め、20〜30分ベンチタイムをとる。
3 めん棒でのばし、三つ折りにして細長く成形し、天板にのせて二次発酵させる。
4 クープを入れ、300℃に温めておいたオーブンを200℃に下げて25分弱焼く。

胚芽パン

胚芽は小麦ひと粒の２％にしか過ぎませんが、
将来小麦の芽になるところです。
そのため、五大栄養素がバランスよく豊富に含まれ、
天然のビタミンやミネラルの宝庫。
パン生地に配合すると、香ばしい香りが抜群です。

材料（１本分）

A　地粉　225g
　小麦胚芽　25g
　塩　4g
B　元種　100g
　水　135g
フロッケン　適量

作り方

1 p.14〜16の要領でAとBを混ぜ合わせ、生地がなめらかになるまでこねて一次発酵させる。
2 軽く丸め、20〜30分ベンチタイムをとる。
3 長めのバンズに成形し、天板にのせて二次発酵させる。
4 霧吹きで水を吹きかけてフロッケンをまぶし、クープを入れる。300℃に温めておいたオーブンに入れ、200℃に下げて25分焼く。

紅麹（べにこうじ）
テーブルロール

沖縄の豆腐ようや中華料理の腐乳などに使われ、
ほのかなピンク色に染めてくれる紅麹。
消化を助けたり内臓を強くする効果もあるといわれ、
漢方薬材やサプリメントとしても親しまれています。
紅麹は、配合しすぎると生地がダレてしまうこともあるので、
気をつけて。

材料（12個分）

A　地粉　245g
　紅麹　5g
　塩　3g
　米飴　25g

B　元種　125g
　水　90〜100g
　溶き卵　1/2個分

無塩バター　30g

（水の量は卵のサイズにより加減する。卵と合わせて125gが目安）

作り方

1 p.14〜16の要領でAとBを混ぜ合わせ、生地がひとまとまりになるまでこね、バターを加えてこね上げ、一次発酵させる。

2 生地を12分割して軽く丸め、20〜30分ベンチタイムをとる。

3 48ページのロールパンと同じ要領で成形する（切り込みは入れなくてもよい）。天板の上にくっつけて並べ（写真a）、二次発酵させる。

4 180℃に温めておいたオーブンで25分強焼く。

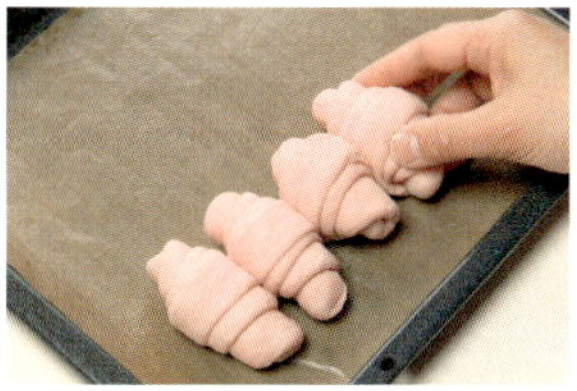

a 成形したら巻き終わり部分を下にして天板に並べる（ここではくっつけているが、離して焼いてもよい）。

くるみのライ麦パン

いわゆる黒パンの主要材料であるライ麦は、
北欧やロシア、ドイツなど寒冷な土地で栽培されています。
グルテンが少ないので、小麦粉と混ぜてパンを作るのが一般的。
ライ麦の配合が多すぎると、パンがふくらまなくなります。
バゲット風に長く成形してみましょう。

a

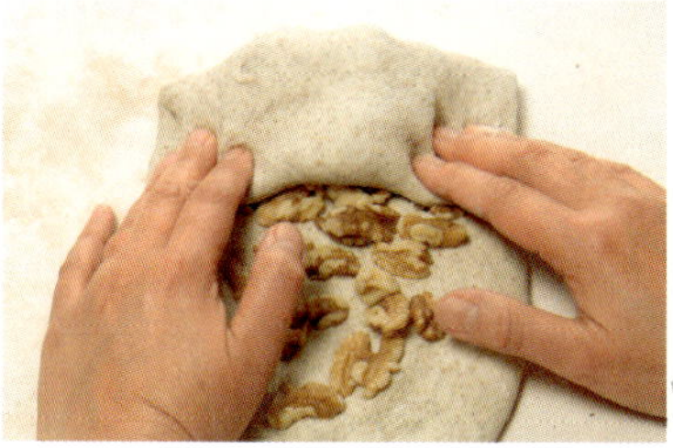

のばした生地の上にくるみをのせ、三つ折りにする。合わせ目はしっかりとじる。

b

さらにめん棒でのばす。こうするとまんべんなく生地にくるみが入りやすい。

c

合わせ目をしっかりとじながら生地を三つ折りにする。

d

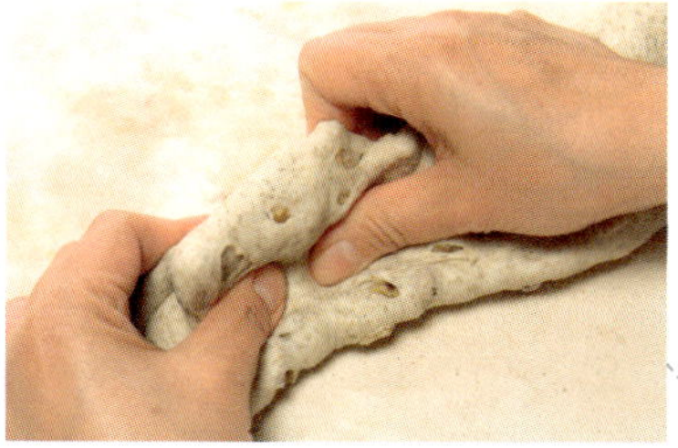

最後の合わせ目は下にして天板にのせる。

e

成形するときは、天板からはみ出ない程度の長さにすること。

材料（1本分）

A　地粉　225g
　ライ麦　25g
　塩　4g
　砂糖　7g
B　元種　125g
　水　125g
くるみ（ローストしたもの）　100g
無塩バターまたはなたね油　10g

作り方

1 p.14〜16の要領でAとBを混ぜ合わせ、生地がひとまとまりになるまでこね、バターを加えてこね上げ、一次発酵させる。

2 生地を軽く丸め、20〜30分ベンチタイムをとる。

3 めん棒でのばし、くるみをのせて三つ折りにし、さらにめん棒でのばす（写真a、b）。また三つ折りにして合わせ目をしっかりとじ（写真c、d、e）、天板にのせて二次発酵させる。

4 クープを入れてから、300℃に温めておいたオーブンに入れ、200℃に下げて25分弱焼く。

a

一度手で押すようにしてのばし、空気を抜く。

b

大きな涙形に丸める。

c

アルミホイルを敷いた鉢に入れる。焼くとふくらむので、容器の7～8割ほどまで入っているとちょうどいい。

材料（素焼きの植木鉢3個分）

A　地粉　250g
　塩　4g
　砂糖　4g
　玄米（炊いたもの）100g
B　元種　125g
　水　125g
太白ごま油　大さじ1

作り方

1 p.14～16の要領でAとBを混ぜ合わせ、生地がひとまとまりになるまでこね、ごま油を加えてこね上げ、一次発酵させる。
2 生地を鉢の大きさに合わせて3分割して軽く丸め、20～30分ベンチタイムをとる。
3 いったん手でのばして空気を抜いた後、大きな涙形に丸めてアルミホイルを敷いた鉢に入れ（写真a、b、c）、二次発酵させる。
4 200℃に温めておいたオーブンで20分焼く。

玄米パン

素焼きの鉢に入った黒こしょうのパンを初めて見たのは、ニューヨークのベーカリー。
衝撃でした。ここで紹介しているパンは、玄米入りでよくふくらむから、
釜のびも元気。いっそう形を楽しめます。

アルメニアのパン

エスニック料理を学ぶためにこれまでいろいろな国へ行き、ついでに、パンもいろいろ見て食べてきました。アルメニアでは、変わった模様の入った大きく平たいパンが印象的でした。ごまをたくさん使う、とてもぜいたくなパンで、プチプチした食感も楽しめます。

a

霧吹きを使って表面を湿らせる。

b

半量の白ごまをのせ、全体に広げる。

c

模様のようなクープを入れる。

材料（2個分）

A　地粉　250g
　塩　4g
B　元種　125g
　水　140g
パプリカパウダー　小さじ2
白ごま　100g

作り方

1 白ごま以外の全部の材料をボウルに入れ、生地がなめらかになるまで10〜15分こねて一次発酵させる。

2 生地を2分割して軽く丸め、15分ベンチタイムをとる。

3 めん棒で18×15cmくらいの楕円にのばし、表面に霧吹きで水を吹きかけて十分に湿らせる（写真a)。白ごまをのせて全体にまぶし、クープを入れる（写真b、c)。天板にのせて二次発酵させる。

4 300℃に温めておいたオーブンに入れ、200℃に下げて20分弱焼く。

ぶどうパン

ぶどうパンは表面が焦げやすいので、ひと工夫しています。
なにしろレーズンをたくさん入れるこのパンは、おいしいだけでなく、日持ちもします。
ひと手間かけて下処理した、みずみずしくふっくらしたレーズンを使ってみてください。
クリームチーズを塗って発泡性のワインと一緒に楽しむのが大好きです。

a

めん棒でのばして半量のレーズンをのせ、折りたたむ。この繰り返しで生地にまんべんなくレーズンを混ぜ込む。

b

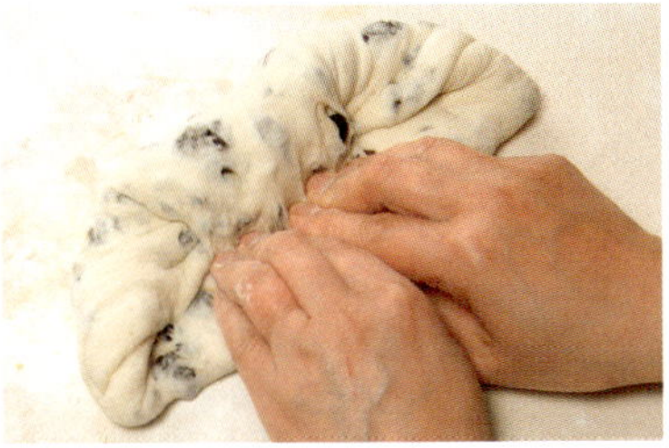

レーズンが混ざったら横長の楕円にのばし、生地を折りたたみ、合わせ目をとじながらバンズに成形する。

c

餃子の要領で合わせ目の生地を寄せてつまみ、しっかりととじる。

d

取り分けておいたプレーンな生地を薄くのばし、とじ目を下にして置いたバンズを包み込む。

e

とじ目を下にして二次発酵させた後、外側の生地が浮かないよう、割りばしでくぼみをつけて密着させる。

材料（1本分）

A　地粉　225g
　塩　4g
　砂糖　9g
B　元種　125g
　水　140g
オリーブオイル　大さじ1
レーズン　250g

ポイント　レーズンはぬるま湯で洗い、10分程度蒸してからリキュールを振りかけておく。もしくはビールで煮てから好みのリキュールを振りかけておく。

作り方

1 p.14～16の要領でAとBを混ぜ合わせ、生地がまとまったらオリーブオイルを加える。なめらかになるまでこねて一次発酵させる。

2 生地のうち150gを取り分け、それぞれを軽くまとめて、20～30分ベンチタイムをとる。

3 生地にレーズンを混ぜ込み、バンズのように成形する（写真a、b、c）。取り分けておいたプレーンな生地を約14×22cmの大きさにめん棒でのばし、レーズン入りのバンズを包む（写真d）。天板にのせて二次発酵させる。

4 わりばしなどで数カ所にくぼみをつけ（底に当たるまで）、包んだ外側の生地が浮かないようにくっつける（写真e）。300℃に温めておいたオーブンに入れ、200℃に下げて25分焼く。

クランベリーとかぼちゃのローフ

ドライフルーツをたくさん入れたお菓子感覚のパンです。
ラフに分割した生地を丸め、これまたラフに型に詰めています。
焼くとふくらんで、きれいな型の形に焼き上がります。

a

めん棒で長方形に生地をのばし、半量のクランベリーをのせて三つ折りにする。

b

再度めん棒で生地をのばし、残りのクランベリーをのせて三つ折りにし、さらにめん棒でのばす。

c

およそ均等な大きさになるように、スケッパーを使って小さくラフに分割していく。

d

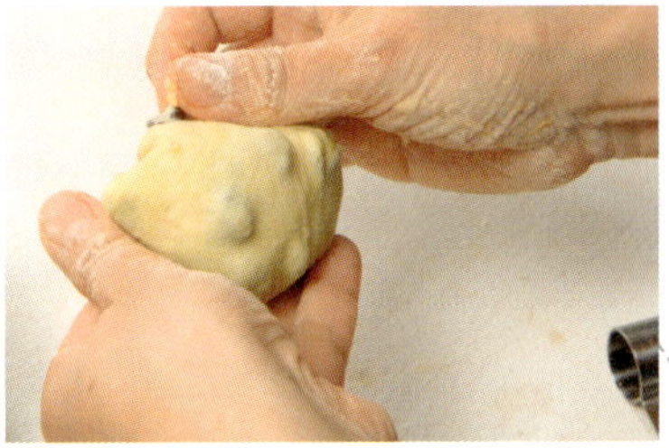

分割したものから表面をのばしながら寄せるようにして丸める。

e

丸めたとじ目を上にしてクグロフ型に順に入れていく。

材料（クグロフ型１台分）

A　地粉　200g
　塩　3g
　砂糖　10g
　かぼちゃ（ゆでてつぶしたもの）　40g
B　元種　100g
　水　110g
　オリーブオイル　大さじ１
ドライクランベリー（粗く刻んだもの）　60g

作り方

1 p.14〜16の要領でAとBを混ぜ合わせ、生地がなめらかになるまで12分程度こねる。めん棒で生地をのばし、まんべんなくクランベリーを混ぜ込み（写真a、b）、軽く丸めて一次発酵させる。

2 生地を軽く丸め直して、15〜20分ベンチタイムをとる。

3 細長くした生地を15等分くらいにラフに分割し、きれいに丸め直してクグロフ型に入れ（写真c、d、e）、二次発酵させる。

4 天板に型をのせて250℃に温めておいたオーブンに入れ、200℃に下げて25分焼く。

a

めん棒でのばした生地にいちじくと松の実をのせ、三つ折りにする。

b

再度めん棒でのばし、生地にまんべんなくいちじくと松の実を混ぜ込む。

c

天板の上で二次発酵させた後、クープを入れる。

材料（1個分）

A　地粉　250g
　塩　4g
　砂糖　10g
B　元種　125g
　水　125g
ドライいちじく　10個
松の実　大さじ5

作り方

1 p.14〜16の要領でAとBを混ぜ合わせ、生地がなめらかになるまでこねて一次発酵させる。

2 生地を軽く丸め、15〜20分ベンチタイムをとる。

3 いちじくと松の実を生地に混ぜ込み（写真a、b）、ブールの形に成形して天板にのせ、二次発酵させる。

4 クープを入れて（写真c）、300℃に温めておいたオーブンに入れ、200℃に下げて25分焼く。

ポイント　松の実は、料理用の無塩のものを160℃のオーブンで10分焼いてから使う。いちじくは、大きさによって1/2か1/3程度に刻み、好みのリキュールを少し振りかけておいてから使ってもいい。

いちじくと松の実のブール

外はカリッ、中はしっとりした生地の中には、たっぷりのいちじくと松の実が。
具をふんだんに入れたぜいたくなパンは、手作りならでは。地粉のうち50gは全粒粉にしてもおいしくできます。

黒豆とごまのブール

材料（2個分）

A　地粉　250g
　　塩　5g
　　砂糖　4g
B　元種　125g
　　黒豆のゆで汁　125g
ゆでた黒豆　60g
白ごま　適量

作り方

1 p.14〜16の要領でAとBを混ぜ合わせ、生地がひとまとまりになるまでこね、黒豆を加えてこね上げ、一次発酵させる。
2 生地を2分割して軽く丸め、20〜30分ベンチタイムをとる。
3 きれいに丸め直して底をしっかりとじ、表面に霧吹きで水を吹きかけて湿らせる。白ごまをたっぷりとまぶして天板にのせ、二次発酵させる。
4 200℃に温めておいたオーブンで20分焼く。

黒豆とパン？ と思うでしょうか。でもお試しあれ！
私の大好きなパンのひとつです。
122ページでご紹介しているように、コチュジャンを塗って
お酒のつまみにするのもおすすめです。

黒ごまのねじりパン

材料（4個分）

A　地粉　250g
　　塩　4g
　　砂糖　5g
　　黒ごま　25g
B　元種　100g
　　水　140g

作り方

1 p.14～16の要領でAとBを混ぜ合わせ、生地がなめらかになるまでこねて一次発酵させる。
2 生地を4分割して軽く丸め、20～30分ベンチタイムをとる。
3 生地をめん棒でのばし、三つ折りにしてから真ん中にめん棒や手でくぼみをつけ、そこを中心にひねる（写真a、b）。天板にのせて二次発酵させる。
4 200℃に温めておいたオーブンで15分弱焼く。

a　三つ折りにした生地の真ん中にめん棒や手でくぼみをつける。

b　くぼみを中心にしてひねる。

プチプチとした食感とごまの香ばしさがたまりません。
ちょっとユニークで失敗の少ない成形です。

レーズン酵母

ベーグル

一度ゆでてから焼くので、中がモチモチした食感となるベーグル。
日本でもすっかりおなじみになりました。
ゆでた後、ごまやけしの実、チーズなど
お好みのトッピングをしてから焼いても。

材料（5個分）

A　地粉　300g
　塩　4g
　砂糖　4g
B　元種　125g
　水　110〜115g

作り方

1 p.14〜16の要領でAとBを混ぜ合わせ、生地がなめらかになるまでこねて、26℃前後で2時間、一次発酵させる。
2 生地を軽く丸め、20〜30分ベンチタイムをとる。
3 めん棒で約10×20cmの長方形にのばし、細長く5本に切り分け、ひも状の生地をリングの形にし（写真a）、二次発酵させる。
4 熱湯の中で、上下を返しながら各30秒程ゆでてバットに上げる。
5 210℃に温めておいたオーブンで15分弱焼く。

ポイント　ゆでるので、一次発酵は短時間にする。生地がまだかたい状態でよい。

a ひも状にしたら、一方の先端を平たくし、もう一方を包み込むようにしてリングの形にする。

テンペと野沢菜のお焼き

テンペは、インドネシアの納豆とも呼ばれる、
大豆の発酵食品。
私は自分で作りますが、おいしいですよ。

材料（6個分）

A　地粉　250g
　 塩　4g

B　元種　125g
　 水　140g

ごま油　大さじ1
テンペ　100g
野沢菜　100g

作り方

1 テンペと野沢菜を細かく刻み、ごま油（分量外）で炒めておく。

2 p.14～16の要領でAとBを混ぜ合わせ、生地がまとまったらごま油を加え、なめらかになるまでこねて一次発酵させる。

3 生地を6分割して軽く丸め、6等分した1の具を包み込む（写真a）。そのまま1時間ほど常温でねかせる。

4 油脂を使わずにフライパンで焼く。弱めの中火にかけてふたをし、焦がさないように返しながら25分強焼く。

a 生地をめん棒でのばして具をのせ、まわりから生地をつまみながら包む。とじ目を下にしてねかせる。

フライパンで焼くパン

オーブンがなければ、フライパンで焼いてみましょう。
生地を丸くのばしてフラットにし、
カットした形のまま焼き上げると、ふっくらと仕上がります。

材料（6個分）

A	地粉　250g	B	元種　125g
	塩　3g		水　125g
	砂糖　7g		溶き卵　1/2個分
			無塩バター　7g

（水の量は卵のサイズにより加減する。卵と合わせ125gが目安）

作り方

1 p.14～16の要領でAとBを混ぜ合わせ、生地がひとまとまりになるまでこね、バターを加えてこね上げ、一次発酵させる。
2 軽く空気を抜いて丸め直し、20～30分ベンチタイムをとる。
3 めん棒で丸くのばしてスケッパーで6分割し、オーブンシートの上にのせて二次発酵させる。
4 オーブンシートにのせたまま、よく温めたフライパンに移し、中火で20分強、ふたをして両面に軽く色がつくまで焼く。

ポイント　フライパンに油は不要。ある程度生地がふくらむと紙は簡単にはがれる。

ハーブ酵母

レフセ

ノルウェーの無発酵パン。スカンディナビア地域で昔から食べられていました。
意外にも、ひじきや肉じゃがといった和食にもよく合います。

材料（10枚分）

A　地粉（「農林61号」） 150g
　塩　ひとつまみ
　じゃがいも　1個（100〜150ｇ）
酵母液　適量
打ち粉　適量

作り方

1 じゃがいもは皮をむき薄くスライスしてゆで、スプーンやすりこ木でつぶしておく。
2 1にAを混ぜて耳たぶくらいのやわらかさになるまでこねる。このときまとまりにくいようなら、酵母液を少しずつ加える。
3 生地を10分割する。打ち粉をふり、それぞれをめん棒で丸くのばし、油脂を使わずにフライパンで両面に軽く色がつくまで焼く。

ポイント　バターを塗ったり、ハムをのせたり、ジャムをつけたり、食べ方はお好みで。時間がたってかたくなったら、霧吹きで水を吹きかけて湿らせてから食べてください。多めに作って冷凍庫で保存してもいいでしょう。

ロシア風焼きピロシキ

ロシア、サンクトペテルブルグにてパン屋とケーキ屋をそれぞれ10軒ずつ巡りましたが、
ピロシキには出会わずじまいでした。
ピロシキは、ピロシキ屋で軽食として売られていたのです。
「ラステガイ」と呼ばれ、スープと一緒に食べたり、ウオツカなどの酒の
つまみになったりしていました。ここでご紹介するのは、その家庭風バージョンです。

a

大きめの餃子の皮くらいにめん棒で生地をのばす。

b

フィリングを中央にのせる。写真は鮭のフィリング。

c

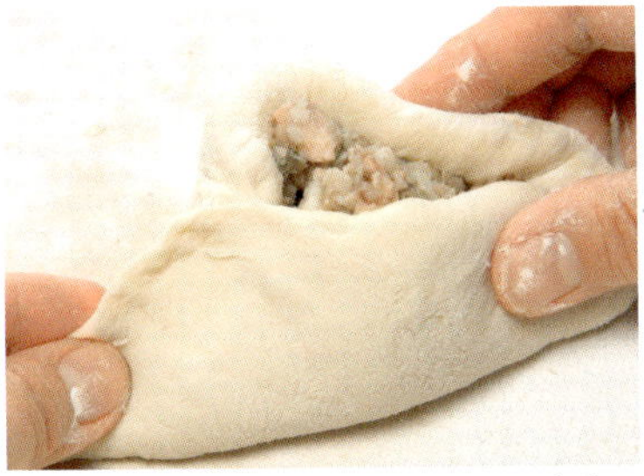

左右の生地をつまんでとじていく。中央は開いたままにする。

材料（6個分）

A　地粉　200g
　地粉（「農林61号」がおすすめ）　50g
　砂糖　5g
　塩　3g
B　元種　100g
　水　125〜150g
　オリーブオイル　大さじ1
フィリング　適量

作り方

1 p.14〜16の要領でAとBを混ぜ合わせ、生地がなめらかになるまでこねて一次発酵させる。

2 生地を6分割して軽く丸め、20〜30分ベンチタイムをとる。

3 めん棒で直径10cmの円形にのばし、フィリングを包んで中央が開いたボート形に成形する（写真a、b、c）。天板にのせて二次発酵させる。

4 200℃に温めておいたオーブンで15分弱焼く。

ポイント　**フィリングの作り方**

鮭（もしくは白身魚）の身をほぐしたものとパセリ、ねぎなどのハーブ類を少量のオリーブオイルで炒め、塩、黒こしょうで味を調える。ゆでたじゃがいもをつぶしたものを入れてもいい。

柿のタネピザ

時間がたって少し元気のなくなった元種なら、
ピザにするのがおすすめ。シンプルな配合で
地粉のおいしさが引き立つので、トッピングもシンプルに。
砕いた柿のタネ、意外とこれが合うのです。

材料（1枚分）

A　地粉　250g
　　塩　4g

B　元種　125g
　　水　125g
　　オリーブオイル　大さじ1

柿のタネ　大さじ3
ピーナッツ　大さじ3
ピザ用チーズ　適量
刻みパセリ　適量

作り方

1 p.14〜16の要領でAとBを混ぜ合わせ、生地がなめらかになるまでこねて一次発酵させる。
2 生地を軽く丸め、20〜30分ベンチタイムをとる。柿のタネとピーナッツを砕いておく。
3 めん棒で天板の大きさに生地をのばし、柿のタネとピーナッツ、ピザ用チーズを順にのせ、天板の上で二次発酵させる。
4 210℃に温めておいたオーブンで15分弱焼く。焼き上がったら、刻んだパセリを散らす。

ポイント　好みで、生地に液種の残りのトマトで作ったトマトソースやケチャップを塗ってもよい。

中東でみかけたパンは、
平べったくて変わった模様がついていました。
香菜は、個性的な香りがある地中海原産のハーブで
コリアンダー、パクチーとも呼ばれます。

ハーブ酵母

オアシスナン

材料（２個分）

地粉　250g
塩　４g
こしょう　少々
香菜（ざく切り）　１束
白ごま　大さじ４～５
元種　125g
水　130g
オリーブオイル　大さじ１

作り方

1 全部の材料を混ぜ合わせ、生地がなめらかになるまで６分程度こね、一次発酵させる。
2 ２分割して丸め、20分ベンチタイムをとる。
3 めん棒で長径18cm程度の楕円にのばし、フォークで模様をつける。天板にのせて二次発酵させる。
4 210℃に温めておいたオーブンで18分焼く。

イングリッシュマフィン

ざっくり手で二つに割り、軽くトーストして食べるのがイングリッシュマフィン。
ハムやチーズ、レタスなど好みの具をはさんだり、ジャムやはちみつをつけて召し上がれ。

材料（イングリッシュマフィン型６個分）

A　地粉　250g
　塩　3g
　砂糖　3g
B　元種　125g
　水　120g
　酢　5g
　オリーブオイル　大さじ1/2
ハーブのベビーリーフ　適量
リーフレタス、チーズ、ハム、トマトなど好みの具　各適量

作り方

1 p.14〜16の要領でAとBを混ぜ合わせ、生地がなめらかになるまでこねて一次発酵させる。

2 生地を６分割して軽く丸め、20〜30分ベンチタイムをとる。

3 天板にマフィンを並べ、中央にそれぞれベビーリーフを置き、きれいに丸め直した生地を入れて二次発酵させる。

4 3の上にオーブンシートをのせてその上に天板を１枚置き（上下の面を平らにするため）、200℃に温めておいたオーブンで15分焼く。

5 焼き上がったら二つに割り、好みの具をはさんで食べる（写真a、b）。

a

横からフォークを刺して切り込みを入れ、手で割る。

b

軽くトーストし、好みの具をはさむ。ここでは、リーフレタス、チーズ、ハム、トマトを使用。

ポイント　イングリッシュマフィンは、底の抜けている型で作る。上に天板をのせて焼くのは、上下の面を平らにするため。しっかり火を通さず、焼きがあまいので、日持ちをよくするため材料に酢を加えている。

全粒粉
フォカッチャ

フォカッチャは、イタリアの平たいパン。
ピザに似た生地で塩味とオリーブオイルがきいています。
粉に混ぜた全粒粉は、ビタミンやミネラルが豊富で、
独特の風味があります。

材料（6個分）

A　地粉　225g
　塩　4g
　全粒粉　25g
B　元種　125g
　豆乳　130g
ドライローズマリー、オリーブオイル、塩　各適量

作り方

1 p.14〜16の要領でAとBを混ぜ合わせ、生地がなめらかになるまでこねて一次発酵させる。
2 生地を6分割して軽く丸め、20〜30分ベンチタイムをとる。
3 めん棒で直径10cmくらいの円形にのばし、天板にのせて二次発酵させる。
4 表面に薄くオリーブオイルを塗り、指でラフにくぼみをつけてローズマリーを入れ、塩を全体に振りかける。210℃に温めておいたオーブンで10分強焼く。

ねぎとくるみの スコーン

アメリカのスコーンは具だくさん。ドライフルーツやナッツ、チョコチップなどを加えた甘いものも多いのですが、チーズや玉ねぎ、ベーコンなどを混ぜた塩味のスコーンを軽食として食べることもあります。

材料（10個分）

地粉　225g
塩　4g
元種　125g
水　140g
くるみ　80g
長ねぎ（刻んでおく）１本

作り方

1 全部の材料を混ぜ合わせ、生地がなめらかになるまでこねて、常温で１時間ねかせる。
2 生地を10分割して、三角形に成形する。
3 天板にのせ、200℃に温めておいたオーブンで14分焼く。

パネトーネ

パネトーネは、イタリアで、クリスマスのころに食べるソフトで甘い発酵菓子パン。
ここでは、バナナ酵母とバナナフィリングを使って、
四角い型に入れて焼き、オリジナルに仕上げました。

a

生地から具がはみ出ないよう気をつけながら巻く。

b

巻き終わりの合わせ目はしっかりとじる。両端を持ち、軽く引っ張るようにして台から持ち上げてのばす。

c

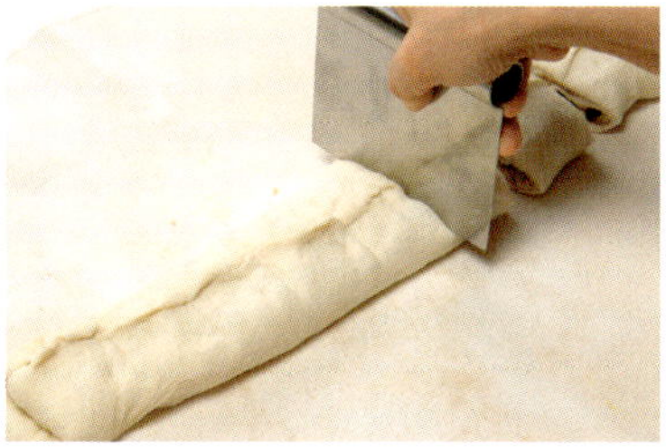

スケッパーで10分割する。

d

両端の部分は真ん中に断面を下にして置き、それ以外のものは断面がみえるようにして並べる。

材料（20×20cmの角型１台分）

A　地粉　250g
　塩　3g
　砂糖　10g
B　元種　125g
　水　125g
無塩バター　10g
バナナペースト　100g
レーズン、くるみ　合わせて100g
粉糖　適量

作り方

1 p.14～16の要領でAとBを混ぜ合わせ、生地がひとまとまりになるまでこね、バターを加えてこね上げ、一次発酵させる。
2 生地を軽く丸め、20～30分ベンチタイムをとる。
3 めん棒で20×30cmにのばし、バナナペースト、レーズン、くるみをのせてくるくる巻き、10分割する（写真a、b、c）。型に入れ（写真d）、二次発酵させる。
4 型を天板にのせ、180℃に温めておいたオーブンで30分焼く。焼き上がったら型から出し、粗熱が取れたら粉糖を振る。

ポイント　バナナペーストの作り方

①完熟バナナ（正味200g）は皮をむいてボウルなどに入れ、フォークなどでペースト状になるまでつぶす。②レモン汁（小さじ1）をかけ、砂糖（大さじ2～4）を加えて混ぜる。③小鍋に移して弱火で煮詰める。好みでシナモンパウダーを加える。

a

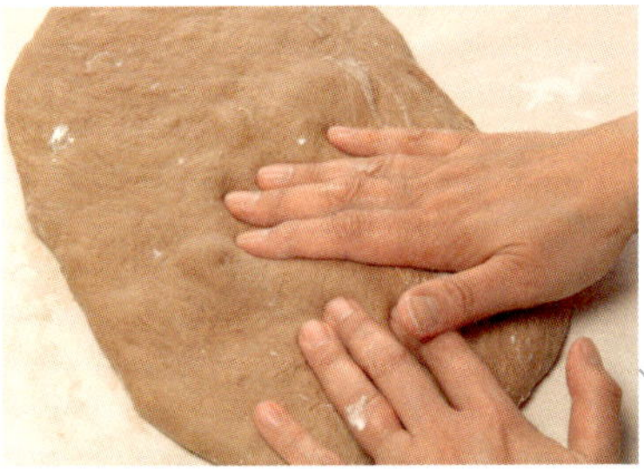

めん棒で生地をのばし、空気を抜く。

b

クランベリーを散らし、手前と奥から少しずつ巻き込んでいく。

c

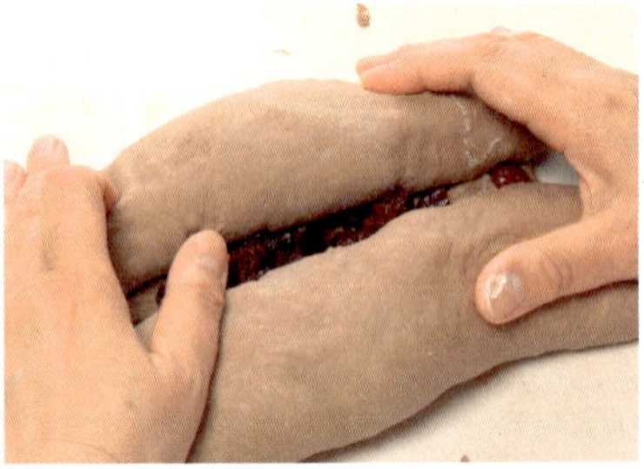

合わせ目は生地をしっかりくっつけ、最後は生地をつまんでとじる。とじた側を下にし、天板の上で二次発酵させる。

材料（1本分）

地粉　250g
キャロブ粉　25g
塩　4g
砂糖　8g
元種　100g
水　155g
ドライクランベリー　100g

作り方

1 クランベリー以外の全部の材料をボウルに入れてよく混ぜ、生地がなめらかになるまでこねて一次発酵させる。
2 丸め直して、20～30分ベンチタイムをとる。
3 めん棒で生地をのばし、空気を抜いてクランベリーをのせ、巻き込むように成形して（写真a、b、c）、天板にのせて二次発酵させる。
4 190℃に温めておいたオーブンで25分弱焼く。

キャロブとクランベリーの
ブロート

キャロブ粉は「いなご豆」というマメ科の植物、豆のサヤを乾燥させ粉末にしたもので、カルシウムや鉄分が豊富です。同じような色のココアに比べてカロリー、脂肪分が少なく、カフェインも含みません。アレルギーがあってもこの粉なら大丈夫。粉の1割を配合していますが、香りが 強すぎると感じる方は半量（5％）にして作ってみてください。

あんパン

焼きたてはもちろんのこと、数日たってもよい香りがするのは、甘酒酵母のパンの特徴。
あんとも相性がいいのです。
桜の塩漬けがなければ、ごまやけしの実を散らすとまた違った印象に。

a

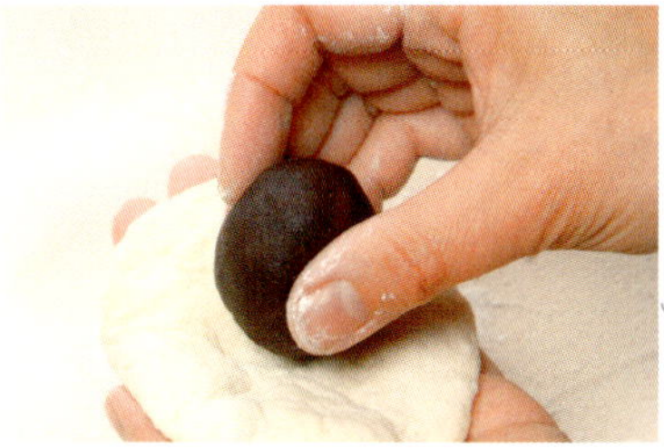

めん棒で餃子の皮くらいの大きさにのばした生地に、丸めておいたあんをのせて包む。

b

合わせ目は、しっかりとじておく。

c

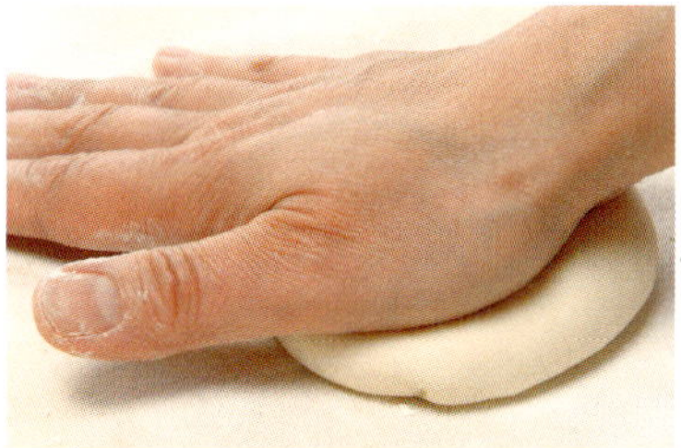

とじ目を下にし、上から手で押して空気を抜き、平たくする。

d

桜の塩漬けをのせ、上から指でギュッと押す。

材料（8個分）

A　地粉　250g
　塩　3g
　砂糖　5g
B　元種　125g
　水　125g
こしあん　400g
桜の塩漬け　8個

作り方

1 p.14〜16の要領でAとBを混ぜ合わせ、生地がなめらかになるまでこねて一次発酵させる。

2 生地を8分割して軽く丸め、20〜30分ベンチタイムをとる。

3 50gずつ丸めておいたこしあんを、丸くのばした生地で包む（写真a、b）。上から手で押さえて空気を抜く（写真c）。天板にのせて二次発酵させる。

4 真ん中に桜の塩漬けをのせ、指でギュッと押す（写真d）。200℃に温めておいたオーブンで13分焼く。

いちごコロネ

日本ならではの菓子パン。チョコレートやホイップクリームもいいですが、
フレッシュいちごを使った豆乳クリームもおすすめです。
食べる直前に詰めればさらにおいしく食べられます。

a

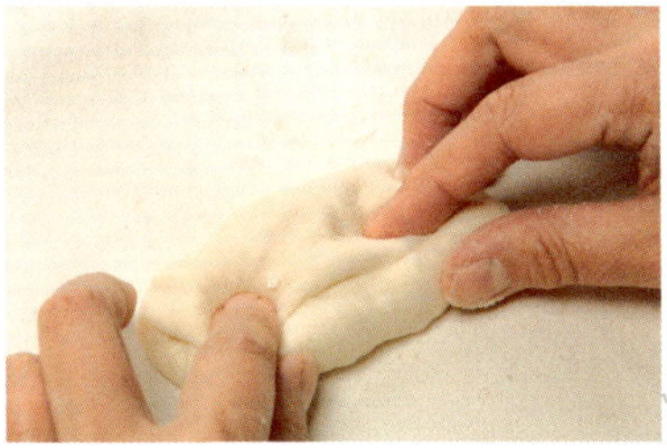

生地をめん棒でのばしたら三つ折りにし、合わせ目はつまんでおく。

b

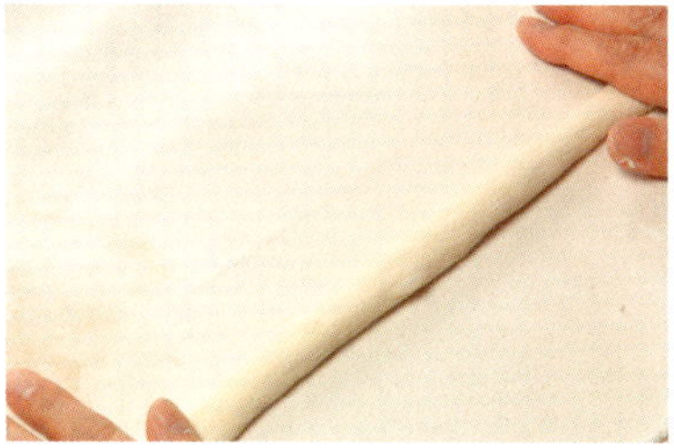

両手でころがしながら25cmくらいの長さにのばしていく。

c

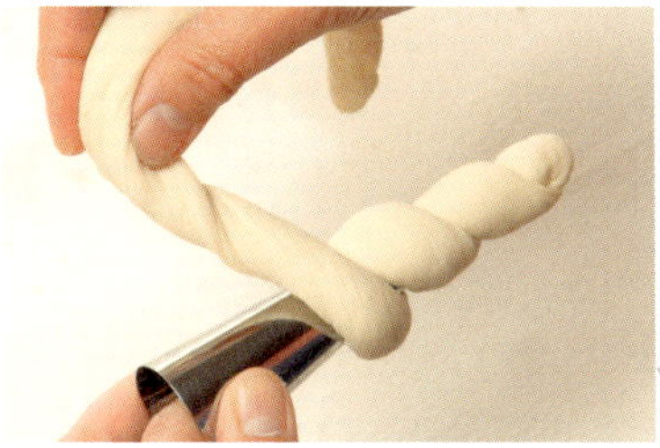

コロネ型の先端から斜めに巻きつけていく。

d

巻き終わりは生地同士をくっつける。

e

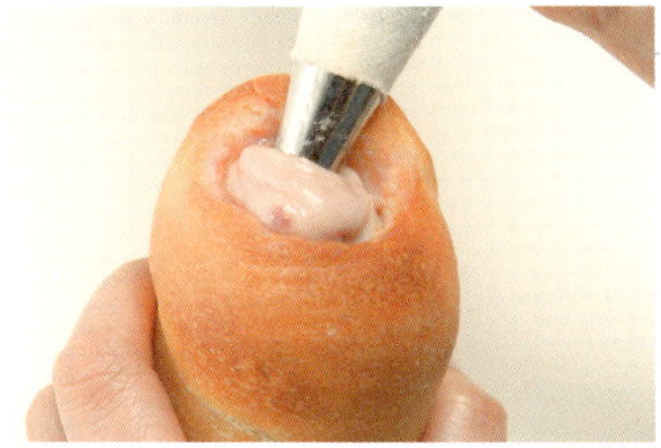

絞り袋に直径1cmの丸口金をつけ、豆乳いちごクリームを入れてパンに詰める。

材料（コロネ型８個分）

A　地粉　250g
　塩　４g
　砂糖　４g
B　元種　100g
　水　130g

豆乳いちごクリーム
　豆乳　200cc
　砂糖　40g
　地粉　20g
　卵　１個
　いちご　３粒

作り方

1 p.14〜16の要領でAとBを混ぜ合わせ、生地がなめらかになるまでこねて一次発酵させる。

2 生地を８分割して軽く丸め、20〜30分ベンチタイムをとる。

3 生地を細長く25cmくらいにのばし（写真a、b）、油脂を塗っておいたコロネ型に巻きつけていく（写真c、d）。天板に並べ、二次発酵させる。

4 190℃に温めておいたオーブンで13分焼く。冷めたら型から外し、豆乳いちごクリームを詰める（写真e）。

ポイント　豆乳いちごクリームの作り方

豆乳は人肌に温めておく。ボウルに砂糖、地粉、全卵を入れ泡立て器でよく混ぜる。豆乳を加えてさらに混ぜてから一度ストレーナー（こし器）でこし、鍋に入れて中火で手早く練る。とろみがついたら火から下ろし、冷ましておく。冷めたら、つぶしたいちごを混ぜる。

クリーム
フランスパン

フランスあんパンではなく、クリームパンです。
わたしはカスタードクリームも全卵で作ります。
さっぱりとしておいしいですし、残った卵白の使い道を考える手間も省けます。
かためのカスタードクリームなので、
包み込むようにしてパンの中に入れます。

材料（6個分）

A　地粉　250g
　塩　4g
　砂糖　8g
B　元種　125g
　水　140g

カスタードクリーム
　牛乳　400cc
　きび砂糖　70g
　卵　2個
　地粉　40g

作り方

1 p.14〜16の要領でAとBを混ぜ合わせ、生地がなめらかになるまでこねて一次発酵させる。
2 生地を6分割して軽く丸め、15分ベンチタイムをとる。
3 生地をめん棒でのばし、クリームをのせて包み込む。とじ目を上にして天板に並べ、二次発酵させる。
4 3の上にオーブンシートをのせて、その上に天板を1枚置き、200℃に温めておいたオーブンで15分焼く。

ポイント　カスタードクリームの作り方
牛乳は人肌に温めておく。ボウルに卵、地粉、きび砂糖を入れ泡立て器でよく混ぜる。牛乳を加え、さらに混ぜてから一度ストレーナーでこし、鍋に入れて中火で手早く練る。とろみがついたら火から下ろし、冷ましておく。

材料を一度に混ぜ、一次発酵の後すぐに焼くので
作り方はとてもシンプル。
焼いているあいだにも、酵母の甘い香りが味わえます。

みかん酵母
いちご酵母

パンケーキ

材料（10枚分）

地粉　150g
塩　3g
砂糖　20g
元種　150g
水　100g
卵　1個

作り方

1 ボウルに全部の材料を入れ、スプーンでよく混ぜ合わせる。

2 すりおろした山芋のようなトロトロの状態になったら、ラップをかぶせ、生地が2倍にふくらむまで発酵させる。

3 ホットプレートかフライパンで油脂を使わずに、中火で2分、ひっくり返してさらに2分焼く。好みでバターやはちみつ（材料外）を添える。

ポイント
地粉は「農林61号」がおすすめ。発酵時間は、26℃前後なら4時間、30℃弱なら1～2時間程度を目安に。

a

水の量を調節しながら、生地を落とすとぽってりする程度のかたさになるまで混ぜ合わせる。

b

全体が２倍程度になるか、ぷくぷくと泡が出て表面が張ってくるまで発酵させる。

c

縁は少し残して生地を落とす。

材料（10枚分）

地粉　140g
塩　3g
砂糖　10g
元種　100g
水　90〜100g
溶き卵　1/2個分
いちごプリザーブ　適量

作り方

1 ボウルにいちごプリザーブ以外の全部の材料を入れ、粘りが出るまで木べらでよく混ぜ合わせる（写真a）。
2 ラップをかぶせて一次発酵させる（写真b）。
3 ワッフルメーカーに薄くバター（材料外）をひき、スプーンで生地を落として焼く（写真c）。
4 焼き上がったら皿に盛り、いちごプリザーブを添える。好みでホイップクリームを添えてもよい。

ポイント　いちごプリザーブの作り方
液種の残りのいちごと生のいちご、合わせて１パック分くらいを、大さじ１程度のきび砂糖などを加えて弱火で10分程度煮る。冷めたら、香りづけにラム酒を少量振りかける。

いちごプリザーブのワッフル

酵母パンの生地を使ったベルギーワッフルは、外はサクッ、中はフワッ。
生クリームや季節の果物のプリザーブを添えれば、ぜいたくなデザートに。
焼きたてでなければ、食べるときには温めるのがおすすめ。

コーンカップの中には、アイスクリームではなくてチョコチップ入りパンが入っています。
子どもたちが幼稚園、小学校低学年のころ、よく誕生日パーティーに登場させていました。

コーンカップ入りパン

玄米酵母

材料（6個分）

A　地粉　200g
　塩　3g
　砂糖　3g
B　元種　100g
　水　110g
チョコチップ　小さじ6
コーンカップ　6個

作り方

1 p.14～16の要領でAとBを混ぜ合わせ、生地がなめらかになるまでこねて一次発酵させる。
2 生地を6分割して軽く丸め、15分ベンチタイムをとる。
3 それぞれの生地をめん棒でのばして小さじ1ずつのチョコチップを包み、涙形にしてコーンカップに入れる（写真a、b）。倒れないように小さな食パン型に並べ、二次発酵させる。
4 型を天板にのせ、190℃に温めておいたオーブンで14分焼く。

a めん棒で生地をのばし、チョコチップをのせて包む。

b 手で生地の一部を少しのばして涙形にし、コーンカップに入れる。

バナナ酵母

フルーツ
スティック

少し日数がたってしまった元種でも、
十分おいしくできるスティックをご紹介。
バナナ酵母に限らず、りんごなどフルーツ系の
元種を使って作れるすぐれもの。日持ちもしますよ。

材料（10本分）

地粉　250g
塩　3g
元種　100g
水　30g
黒ごま　大さじ2
レーズン　25g
さつまいも（角切り）300g
干しあんず（粗く刻んでおく）100g

作り方

1 全部の材料を混ぜ合わせ、生地がなめらかになるまでこねて一次発酵させる。
2 生地を10分割してそれぞれを棒状に成形し、二次発酵させる。
3 200℃に温めておいたオーブンで6分、180℃に下げて14分焼く。

ポイント　粉は、全粒粉やライ麦粉をまぜてもおいしくできます。焼くときに分量外の粉をまぶして焼くとフルーツが焦げません。好みのドライフルーツやナッツを適宜加え、オリジナルのスティックを作ってください。

a

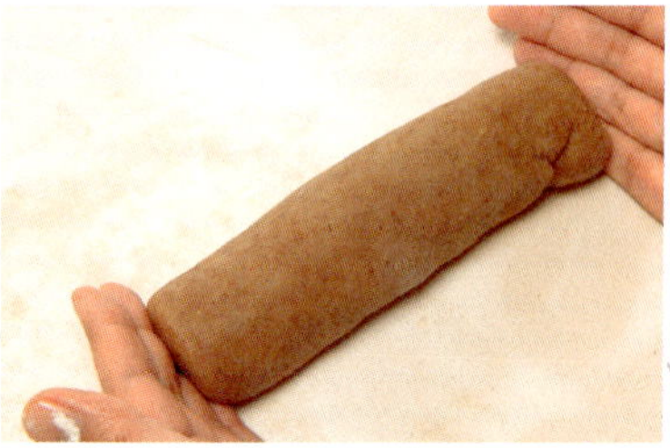

マジパンは材料をよく混ぜ合わせ、包みやすいように細長くしておく。

b

生地をめん棒でのばし、マジパンとドライフルーツをのせて包む。

c

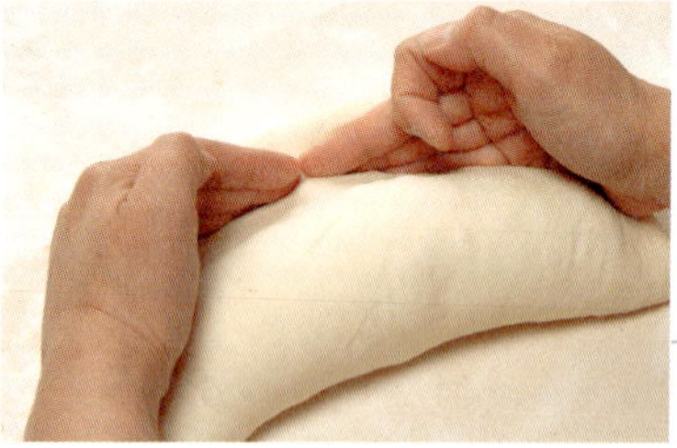

とじ目はしっかりと手で押さえ、くっつけておく。

材料（１個分）

A　地粉　250g
　塩　4g
　砂糖　20g
B　元種　100g
　溶き卵　1/4～1/2個分
　水　卵と合わせて140g
　バナナ（つぶしたもの）1/2本分
無塩バター　10g
粉糖　適量
好みのドライフルーツ（レーズン、松の実、くるみなど）　適量
マジパン
　アーモンドプードル　140g
　コンデンスミルク　大さじ２
　リキュール　大さじ１弱
　シナモン、ナツメグ　各適量

作り方

1 ドライフルーツはリキュールにつけておく。マジパンは材料をすべて混ぜ合わせて細長くしておく（写真a）。

2 p.14～16の要領でAとBを混ぜ合わせ、生地がまとまったらバターを加え、なめらかになるまでこねて一次発酵させる。

3 生地を軽く丸め、20～30分ベンチタイムをとる。

4 生地をめん棒で楕円にのばし、マジパンとドライフルーツをのせ、二つに折って成形する（写真b、c）。天板にのせて二次発酵させる。

5 180℃に温めておいたオーブンで30分焼く。焦げそうになったら途中で温度を10℃ほど下げる。

6 焼きたてに溶かしバター20g（分量外）を塗り、好みで粉糖をまぶす。

ポイント　バナナ酵母で作った元種が入る生地は、こねてから６時間以上かけて、ゆっくりと発酵させる。その際、生地の温度は25～26℃をキープし、28℃以上にはしないこと。二次発酵は90分強が目安。場合によっては120分かかることも。

マジパンシュトーレン

クリスマスの前に作られ、プレゼントとしても使われるドイツの代表的・伝統的なパン菓子です。
たっぷりのドライフルーツとマジパンが入って、ずっしりとした重さが特徴。バナナ酵母で濃厚な風味をプラスしています。

バナナマフィン

ポイント　材料を混ぜ合わせるとき、ゆるいようなら地粉を、かたいようなら水を加え、スプーンで生地を落とすとぽってりする程度のかたさにする。

材料（マフィン型12個分）

地粉　300g
元種　180g
きび砂糖　30g
塩　3g
無塩バター　30g
卵　1個
水　140g前後
バナナ（正味）160g
シナモン　少々
マシュマロ（トッピング用）適量

作り方

1 バナナはフォークでつぶしておく。バターは室温に戻し、やわらかくしておく。
2 マシュマロ以外の全部の材料をボウルに入れ、よく混ぜる。
3 マフィン型にアルミホイルを敷き、六分目くらいまで生地を入れ、マシュマロを上に散らす。
4 26℃の環境温度（p.8参照）で6時間ほど発酵させる。
5 型の八分目程度までふくらんだら、天板にのせて160℃に温めておいたオーブンで12分焼く。さらに200℃に上げて4分焼き、焼き色をつける。

ベーキングパウダーを使わない酵母のマフィンは
時間がたつと一層おいしくなるのです。
焼いているあいだに甘い香りが漂い、わくわくします。

余った酵母液の利用法

12 種類のレシピ

酵母クッキング

パン作りのために用意した酵母液（液種）は、
残ってしまって困ったら、ぜひ料理に使ってみてください。
私は四季折々の自家製酵母パンの作り方を教室で教えているので、
酵母液や元種の瓶のストックがたくさんたまります。
使いきれないので、酵母液は飲んだりしていたのですが、
なかなか消費が追いつきません。そんなある日、ふと思いついてシチューや煮物、
保存食に使ってみたところ、まろやかさとうまみが増し、保存もきくことを発見！
それからは、酵母液を使った料理を考えることも楽しみのひとつとなりました。

いちご
サングリア

いちごで作った液種は、色もかわいらしいし、香りもフルーティー。そのまま氷や炭酸水を加えて飲むのはもちろんですが、このサングリアもおすすめです。

材料（4人分）

いちご酵母液　300g
赤ワイン　300g
いちご　10粒
キウイフルーツ　1個

作り方

1 いちごは大きさによって1/2か1/4に切る。
2 キウイフルーツは縦に4つ割りにしてから3mm厚さに切る。
3 器に1と2を入れ、酵母液とワインを注ぐ。

豆腐白玉とぶどうのフルーツポンチ

酵母液は、発酵が進むとアルコールの香りがします。ぶどうの酵母液ならまるでワインのよう。フルーツポンチにもぴったりです。ぶどうのほかにいちご、みかん、りんご、洋梨、梅などの酵母液もよく合います。季節の果物を加えて召し上がれ。

材料（4人分）

ぶどう酵母液　400g
豆腐　150g
白玉粉　140g
柿　1個
ぶどう（巨峰）　10粒

作り方

1 豆腐と砕いた白玉粉をよく混ぜ、耳たぶ程度のかたさにして丸め、熱湯でゆでて冷水にとる。
2 柿とぶどうの皮をむく。柿はぶどうにそろえてくりぬくなど食べやすい大きさにする。
3 1と2を器に入れ、酵母液を注ぐ。

みかんゼリー

酵母液と余った果実を使って、寒天ゼリーを作りましょう。
ここではみかん酵母を使っていますが、
りんご、ぶどう、梅酵母などもおすすめです。

材料（4個分）

みかんの果肉も入った酵母液　300g
みかんジュース　400g
粉寒天　4g
きび砂糖　大さじ3

作り方

1 全部の材料を小鍋に入れて中火にかけ、沸騰したら弱火にして2分煮る。

2 ゼリー型などに流し入れ、冷蔵庫でかためる。50〜60分程度でかたまる。

クスクスのスープ煮サラダ

トマト酵母

材料（4人分）

クスクス（1箱）　450g
トマト酵母液　500g
チキンブイヨン　500g
パプリカ（赤・黄）　各1個
玉ねぎ　1/2個
ズッキーニ　1本
にんにく（みじん切り）　1かけ分
オリーブオイル　大さじ3
ターメリック、チリペッパー、
　塩　各適量

作り方

1 酵母液450gに塩小さじ2を加え、そこにクスクスを入れ10分程度浸しておく。
2 チキンブイヨンを用意する。鶏ガラで500gのスープをとり、酵母液50gを加える。
3 パプリカ、ズッキーニを1cm角程度の大きさに切る。
4 にんにくのみじん切りをオリーブオイルで炒め、1のクスクスを加える。なじんだら3も加える。
5 チキンブイヨンを加え、ターメリック、チリペッパー、塩で味を調える。

クスクスは、モロッコなどマグレブ諸国でよく食べられているパスタの一種。使い慣れると便利な食材です。
こうしたサラダにしたり、汁気の多いおかず、ポークチャップなど肉料理に添えたり、
カレーや酸味のある豆スープなどに合わせるとおいしいですよ。

ハーブ酵母のピクルス

すでに発酵した酵母液を使うと、
ピクルスも早くいい味になります。
スパイスを入れるので、果物の酵母よりも
ハーブ酵母のほうが相性はよいようです。

材料（作りやすい量）

漬け汁
- ハーブ酵母液　200g
- A 酢　100g
  - 砂糖　大さじ 4
  - 塩　小さじ1/2
  - 粒こしょう　適量
  - ベイリーフ　2 枚
  - クローブ　5 粒
  - セージ　適量

野菜
- きゅうり　2 本
- セロリ　1/2本
- パプリカ（黄）　1 個
- にんじん　150g
- ゴーヤ　1/4本
- かぶ　1 個
- ラディッシュ　2 個

作り方

1 野菜を食べやすい大きさに切り、分量外の塩をまぶしておく。
2 Aを小鍋に入れて中火にかけ、煮立ったら火を止める。冷めてから酵母液を加えて漬け汁にする。
3 1と2を容器に入れて冷蔵庫で保存。半日くらいで漬かる。

ポイント　野菜はお好みのものを漬けてください。ゆでたうずらの卵も合いますよ。漬け汁は、だし昆布を刻んだものやカレー粉を加えたり、酢の代わりに赤ワインビネガーを使ったりしてアレンジも楽しめます。

酵母液ピラフ

スパイスとナッツ、レーズンの入ったエスニック風炊き込みピラフです。
麦を配合するとご飯がパラパラしておいしいピラフになります。また、酵母液を加えて炊くとうまみが出るので、ブイヨンキューブなどは必要ありません。

材料（4～5人分）

米　300g
麦　100g
緑豆　1/4カップ
レーズン　50g
ココナッツダイス　大さじ2
ガラムマサラ　小さじ1
ベイリーフ　1枚
クローブ　2粒
ターメリック　小さじ1強
バター（またはオリーブオイル）大さじ2～3
塩　適量
水＋甘酒酵母液　400g

作り方

1 米は洗ってザルに上げておく。
2 フライパンにバターを溶かし、刻んだココナッツダイスを少し色がつくまで炒め、レーズンも加えて軽く炒め、取り出しておく。
3 2のフライパンに少量のバターを足し、ガラムマサラとベイリーフ、クローブ、ターメリック、米、麦、緑豆を炒め、塩で味を調える。
4 炊飯器の内釜に3と水と酵母液を入れて炊く。炊き上がったら2を加えて混ぜ合わせる。

バナナ酵母の粕漬け

バナナ酵母の液種または元種で、魚の粕漬けができます。酒粕はかたかったら、酵母液で溶いてやわらかくしてから使います。
りんごや玄米、ぶどう、甘酒などの酵母でもおいしくできます。
魚以外に野菜、豆腐やテンペの粕漬けもできるので、ぜひお試しください。

材料（４人分）

めかじき、銀だら、ぶり、さわら、鮭など４切れ
A バナナ酵母液、地粉　各100g
　（またはバナナ酵母を使った元種　200g）
　酒粕　100g
　みそ　100g

作り方

1 Aをよく混ぜる。好みでみそを加減したり、みりんや日本酒などを適宜加えてもよい。
2 魚（写真はめかじきと銀だら）の水気をふき取り、表面に1を塗りつけ、ペーパータオルで包んで容器などに入れ、冷蔵庫で保存する。２日目ごろからおいしくなる。
3 表面の粕をふき取ってから、グリルなどで両面を焼く。焦げやすいので注意する。

黒豆入り玄米ご飯

材料（4人分）

玄米　2カップ
水　3カップ
黒豆　1/3カップ
昆布　5 cm程度
ごま油　適量
A　しょうゆ、梅酵母液　各大さじ2

作り方

1 玄米は汚れを取る程度に洗い、水に1時間から数時間（季節による）つけておく。
2 黒豆は洗い、水気を取ってからごま油で揚げ、すぐにAにつける。
3 1、2、昆布を圧力鍋か炊飯器の内釜に入れ、炊く。炊飯器を使う場合は玄米モードにするとよい。

ポイント　長ねぎのみじん切り10cm分、酵母液大さじ4と好みで梅酢を加えて混ぜたものを、炊き上がった黒豆ご飯に添えて一緒に食べるとおいしいですよ。

ほくほくとした黒豆と、食べごたえのある玄米は相性が抜群！
わが家でも人気の一品です。黒豆は、一度油で揚げてから酵母液のたれにつけておき、そのたれごと加えて炊きます。酵母液は、梅のほか玄米、甘酒なども合いますよ。

玄米酵母

手作りコチュジャン

これこそ酵母液を使って作ってほしいすぐれもの。添加物、保存料などはいっさい入っていません。パンにつけて食べるほか、おにぎりに塗って焼いたり、野菜のトッピング、韓国風の煮物などにも使えるので、通年常備しておくと重宝ですね。甘酒酵母でもおいしくできます。

材料（作りやすい量）

玄米酵母液　100g
麦みそ、豆みそ　各大さじ4
粉唐辛子（韓国産がよい）粗びき、粉びき　各大さじ2.5
にんにく（すりおろし）　小さじ1
米飴　小さじ1.5

作り方

全部の材料を小鍋に入れて混ぜ、弱めの中火にかけて、かためのみそ程度になるまで混ぜながら煮詰める。作ったら数日は常温に置いて味をなじませ、その後は冷蔵庫で保存。2週間は保存可能。

材料（4人分）

じゃがいも　500g
玉ねぎ　1/3個
きゅうり　1本
にんじん　1本
卵　1個
マヨネーズ　大さじ5
塩、こしょう、レーズン酵母液　各適量

作り方

1 じゃがいもはよく洗い、皮ごと250℃に温めておいたオーブンで20分焼く。皮をむいて熱いうちにすりこ木かマッシャーでつぶす。卵をゆで、にんじんも食べやすい大きさに切り、ゆでる。

2 玉ねぎ、きゅうりは薄切りにして塩もみしておく。ゆで卵は粗く刻んでおく。

3 1、2とマヨネーズを混ぜ合わせる。塩、こしょう、酵母液を加えて味を調える。

酵母ポテトサラダ

レモンで味つけをする代わりに、
酵母液を使います。このように、
隠し味的にも酵母液は活用できます。

丸ごとりんごのパウンドケーキ

旬のりんごからは、とても元気な酵母が起きます。皮と芯だけでも十分酵母は起きるのですが、実を入れることもあります。その場合は、酵母が起きた後に残った実も全部使ってしまいたい。そこでパウンドケーキに入れることを思いつきました。皮と芯も酵母液に使っていますから、まさに「丸ごとりんご」のケーキです。

a

酵母液の瓶に残っているりんごの実を加えて混ぜる。

b

バターを塗った型に入れて焼く。

材料

(小さめのパウンドケーキ型14×6×5cm　2台分)
地粉（「農林61号」がおすすめ）200g
卵黄　4個分
卵白　4個分
きび砂糖　80g
バター　80g
レーズン　大さじ8
酵母液の瓶に入っているりんごの実　1個分
シナモン　適量

作り方

1 りんごの実を細かく切り、シナモンをまぶしておく。
2 ハンドミキサーでバターをクリーム状にする。半量のきび砂糖を少しずつ加えながら、ミキサーで混ぜ合わせる。
3 卵黄を加えて混ぜ、粉も混ぜる。
4 卵白を泡立てる。途中で残りのきび砂糖を加え、かたくなりつやが出るまでしっかり泡立てる。
5 3と4をさっくりと混ぜ合わせ、レーズンと1を加えて混ぜ（写真a）、バター（分量外）を塗った型に入れる（写真b）。天板にのせ、160℃に温めておいたオーブンで30分強焼く。

亜麻の実と白ごまのクラッカー

シンプルなクラッカーは、アメリカではクラムチャウダーなどのスープによく添えられます。タイム、オレガノ、ローズマリー、パセリ、バジルなどのドライハーブを使ってもいいですね。ただしハーブは10g 以上使うと香りが強すぎるので気をつけてください。

材料（約40枚分）

地粉（「農林61号」がおすすめ） 400g
きび砂糖　48g
亜麻の実、白ごま　各20g
塩　8g
豆乳、ヨーグルト酵母液　各100g
バター（またはオリーブオイル） 96g
ベーキングパウダー　小さじ1/2

作り方

1 全部の材料をボウルに入れて混ぜ、10分程度こねる。
2 ラップをかけ、10～30分冷蔵庫に入れて生地を落ち着かせる。
3 まな板などの上で、めん棒で生地を厚さ約4mmにのばし、3cm角に切る。天板に並べ、200℃に温めておいたオーブンで10分強焼く。

おわりに

自家製酵母とつき合い、パンの生地と向かい合っていて、つくづく思うのは「自然な成長」の大切さです。自分の都合に合わせて「予定どおりに酵母が起きないと困る」とか「早く発酵してくれないかな」と思っていても、うまくいかないことが多いのです。例えば酵母が起きるまでの日数や変化は、素材の状態や仕込むときの環境によって、毎回違います。自分の思いどおりや本のレシピどおりにいかなくても、ゆったりした気持ちで。ゆっくりでも自然な成長が見られれば大丈夫。これは子育てにも通じるなと思います。

いま日本は、食糧自給率がとても低い国になっています。これを少しでも高めたい、そうした思いが私にはあります。それは、日本の風土が生んだ水、空気、土壌ではぐくまれる国産小麦を大切にしたいという思いにつながります。パン作りに欠かせない小麦粉を、「地粉」と呼べるような、自分の近くで作られた国産小麦としているのは、そのためです。もちろん、同じ風土のもとで生まれるので、自家製酵母と国産小麦の相性は抜群で、おいしさが違うことを実感したことも大きな理由となっています。

自然に寄り添い、しっかり地に足をつけた暮らしを送る、その楽しみ方のひとつとして、あなたも自家製酵母のパン作りを始めてみませんか。

さいごに、いつも支えてくれる私の家族と生徒さんたちに感謝します。

国産小麦の入手先

粉は配合するのが味の決め手であり楽しみでもあります。私は宮城県産、福島県産の「ゆきちから」、栃木県産の「たまいずみ」「農林61号」などを使います。

★阿部製粉　tel 024-958-4157　http://www.abe-mills.com/

★横山製粉（株）tel 011-864-2222　http://www.y-fm.co.jp/

★富澤商店　tel 042-776-6488　http://www.tomizawa.co.jp/

★笠原産業　tel 0284-71-3181　http://www.kasa-kona.co.jp/

★ママの手作りパン屋さん　tel 077-510-1777　http://www.mamapan.jp/

★こだわり食材572310.com　tel 0120-572-310　http://www.rakuten.ne.jp/gold/nk/

★生活クラブ生協　tel 03-5285-1771　http://www.seikatsuclub.coop/

★ベイキングデイズ　tel 0120-863-639　http://bakingdays.cuoca.com/

著者　相田百合子（あいだ・ゆりこ）

埼玉県生まれ。料理研究家。子連れで世界各地を巡り、現地の料理学校、レストラン、家庭で料理を学ぶ。訪れた国は36カ国。アジア各地で集めた月餅の木型のコレクターでもある。現在、生活クラブ生協ワーカーズコレクティブACTや池袋コミュニティカレッジなどで、自家製酵母パン、酵母食クッキング、ワールドワイドなエスニック料理の講習を行っている。著書に『四季おりおり自家製酵母でパンを焼く』（農山漁村文化協会）、『魅惑のエスニック料理』（グラフ社）など。

ブログ「相田百合子の地球まるかじり」
http://blogs.yahoo.co.jp/mooncake0430/MYBLOG/yblog.html

Staff

調理協力…後藤加代子・市川和子・加藤ゐくこ
撮影…古島万理子
スタイリング…石川美和
ブックデザイン…やなか事務所
イラスト…くさまなおみ
企画・編集…成美堂出版編集部（大西香織）
構成・編集協力…やなか事務所（東村直美）
柳田京子

自家製酵母のおいしいパン

著　者　相《あい》田《だ》百《ゆ》合《り》子《こ》
発行者　深見悦司
発行所　成美堂出版
〒162-8445　東京都新宿区新小川町1-7
電話(03)5206-8151　FAX(03)5206-8159
印　刷　凸版印刷株式会社

ISBN978-4-415-30312-3
落丁·乱丁などの不良本はお取り替えします
定価はカバーに表示してあります